Westermann

Heinz Möhlmeier, Friedmund Skorzenski, Dr. Günter Wierichs

Allgemeine Wirtschaftslehre für den Bankkaufmann/die Bankkauffrau

Fälle und Aufgaben

12. Auflage

Bestellnummer 84110

Die in diesem Produkt gemachten Angaben zu Unternehmen (Namen, Internet- und E-Mail-Adressen, Handelsregistereintragungen, Bankverbindungen, Steuer-, Telefon- und Faxnummern und alle weiteren Angaben) sind i. d. R. fiktiv, d. h., sie stehen in keinem Zusammenhang mit einem real existierenden Unternehmen in der dargestellten oder einer ähnlichen Form. Dies gilt auch für alle Kunden, Lieferanten und sonstigen Geschäftspartner der Unternehmen wie z. B. Kreditinstitute, Versicherungsunternehmen und andere Dienstleistungsunternehmen. Ausschließlich zum Zwecke der Authentizität werden die Namen real existierender Unternehmen und z. B. im Fall von Kreditinstituten auch deren IBANs und BICs verwendet.

Zusatzmaterialien zu „Allgemeine Wirtschaftslehre für den Bankkaufmann/die Bankkauffrau"

Für Lehrerinnen und Lehrer

BiBox Einzellizenz für Lehrer/-innen (Dauerlizenz)
BiBox Klassenlizenz Premium für Lehrer/-innen und bis zu 35 Schüler/-innen (1 Schuljahr)
BiBox Kollegiumslizenz für Lehrer/-innen (Dauerlizenz)
BiBox Kollegiumslizenz für Lehrer/-innen (1 Schuljahr)

Für Schülerinnen und Schüler

BiBox Einzellizenz für Schüler/-innen (1 Schuljahr)
BiBox Einzellizenz für Schüler/-innen (4 Schuljahre)
BiBox Klassensatz PrintPlus (1 Schuljahr)

Die Seiten dieses Arbeitshefts bestehen zu 100 % aus Altpapier.

Damit tragen wir dazu bei, dass Wald geschützt wird, Ressourcen geschont werden und der Einsatz von Chemikalien reduziert wird. Die Produktion eines Klassensatzes unserer Arbeitshefte aus reinem Altpapier spart durchschnittlich 12 Kilogramm Holz und 178 Liter Wasser, sie vermeidet 7 Kilogramm Abfall und reduziert den Ausstoß von Kohlendioxid im Vergleich zu einem Klassensatz aus Frischfaserpapier. Unser Recyclingpapier ist nach den Richtlinien des Blauen Engels zertifiziert.

Druck und Bindung: Westermann Druck GmbH, Georg-Westermann-Allee 66, 38104 Braunschweig

ISBN 978-3-427-**84110**-4

Vorwort

Das vorliegende Begleitbuch zum Lehrbuch „Allgemeine Wirtschaftslehre für Bankkaufleute" enthält ergänzende und vertiefende Fälle und Aufgaben.

Ausgangspunkt sind die in dem seit 2020 geltenden bundeseinheitlichen Rahmenlehrplan für den Ausbildungsberuf Bankkaufmann und Bankkauffrau aufgeführten Lernfelder:

- Die eigene Rolle im Betrieb und im Wirtschaftsleben mitgestalten (Lernfeld 1)
- Marktmodelle anwenden (Lernfeld 6)
- Gesamtwirtschaftliche Einflüsse analysieren und beurteilen (Lernfeld 10)

Aufgabenformulierungen und Aufgabenauswahl wurden nach folgenden Grundsätzen vorgenommen:

- **Grundsatz der Unterrichtsbegleitung**

Die Lehrbuchinhalte werden handlungsbezogen problematisiert und erweitert. Erläuterungen und Darstellungen im Lehrbuch finden hier eine problemorientierte Verwendung. Das Begleitbuch ist daher nicht nur zur Prüfungsvorbereitung, sondern auch für einen parallelen Einsatz im Unterricht geeignet.

- **Grundsatz der Prüfungsnähe**

Die Aufgaben sind auf das Anspruchsniveau von Prüfungen abgestellt. Es wurde besonderer Wert auf

- Aktualität und
- handlungsorientierte Aufbereitung gelegt.

Die einzelnen Aufgaben sind wie folgt gekennzeichnet:

P **Programmierte Aufgaben:** Sie stellen eine **gezielte Vorbereitung** auf den entsprechenden Aufgabentyp in **Klausuren und Prüfungen** dar. Die Kästchen, in denen die Lösungen einzutragen sind, werden jeweils vorgegeben.

K **Konventionelle Aufgaben:** Ihre **offenen Fragestellungen** lassen Raum für eine **differenzierte Behandlung** des jeweiligen Sachverhaltes.

F **Fallaufgaben:** Sie bilden **Handlungssituationen** ab und ermöglichen eine **selbstständige Erarbeitung** der Inhalte sowie eine umfassende Durchdringung gesamtwirtschaftlicher Zusammenhänge. Fragen und Arbeitsaufträge dienen als Leitfaden für die Bearbeitung. Hinweise auf Gesetze und sonstige Quellen erleichtern die Informationsbeschaffung.

Wir hoffen, durch die **Kombination** von **vertiefender Unterrichtsbegleitung** und **Vorbereitung auf Klausuren und Prüfungen** eine weitere Lücke im Angebot von Fachliteratur für angehende Bankkaufleute geschlossen zu haben.

Die Verfasser

Inhaltsverzeichnis

Lernfeld 1: Die eigene Rolle im Betrieb und im Wirtschaftsleben mitgestalten

1 Rechtliche und soziale Rahmenbedingungen menschlicher Arbeit im Betrieb

P

1.1 Programmierte Aufgaben

1 Die 19-jährige Ricarda Dreyer legt im Winter 2024/2025 ihre Prüfung als Bankkauffrau ab. Sie ist daran interessiert, das Ausbildungsverhältnis so schnell wie möglich zu beenden.

Welche der nachstehenden Aussagen zur Beendigung des Berufsausbildungsverhältnisses trifft auf Ricarda Dreyer zu? ☐

Aussagen

1 Besteht Ricarda Dreyer die Abschlussprüfung vor dem 31.01.2025, so endet ihr Berufsausbildungsverhältnis am Tag der Aushändigung des Zeugnisses.

2 Das Berufsausbildungsverhältnis von Ricarda Dreyer endet am 20.01.2025, wenn sie an diesem Tag die Abschlussprüfung besteht und der Prüfungsausschuss das Prüfungsergebnis bekannt gibt.

3 Das Berufsausbildungsverhältnis von Ricarda Dreyer endet in jedem Fall zum 31.01.2025.

4 Besteht Ricarda Dreyer die Abschlussprüfung bis zum 31.01.2025 nicht, verlängert sich das Berufsausbildungsverhältnis automatisch um ein halbes Jahr.

5 Das Berufsausbildungsverhältnis von Ricarda Dreyer endet am 20.01.2025, sofern sie an diesem Tag die Abschlussprüfung besteht und das Bestehen durch die zuständige IHK schriftlich bestätigt wird.

2 Stellen Sie fest, welche beiden der folgenden Aussagen zur Dauer der Probezeit gemäß § 20 Berufsbildungsgesetz zutreffend ist. ☐ ☐

Aussagen

Bei der Probezeit eines Ausbildungsverhältnisses ...

1 ist eine Mindestfrist von drei Wochen zu beachten;

2 existiert sowohl eine gesetzliche Höchst- als auch eine gesetzliche Mindestfrist;

3 existiert nur eine gesetzliche Mindestfrist;

4 existiert nur eine gesetzliche Höchstfrist;

5 ist im Ausbildungsvertrag immer eine Frist von vier Monaten zu vereinbaren;

6 werden in der Praxis bei Kreditinstituten i. d. R. vier Monate angesetzt.

3 Welche der folgenden Aussagen zur Beendigung eines Berufsausbildungsverhältnisses (gemäß Berufsbildungsgesetz) ist zutreffend? ☐

1 Ein Berufsausbildungsverhältnis endet durch einvernehmliche Aufhebung des Ausbildungsvertrages zwischen Ausbildendem und Auszubildendem unter der Voraussetzung, dass der zuständige IHK-Prüfungsausschuss der Aufhebung zustimmt.

2 Aufgrund des Erziehungscharakters der Berufsausbildung ist eine Beendigung des Ausbildungsverhältnisses durch fristlose Kündigung seitens des Ausbildenden nicht möglich.

3 Ein Berufsausbildungsverhältnis endet in jedem Fall mit Ablauf der im Ausbildungsvertrag vorgesehenen Zeit.

4 Ein Berufsausbildungsverhältnis endet durch rechtswirksame außerordentliche Kündigung seitens des Ausbildenden (Kündigung aus wichtigem Grund).

5 Ein Berufsausbildungsverhältnis endet mit dem Beginn des Tages der mündlichen Abschlussprüfung.

4 Im dualen Ausbildungssystem ist vorgesehen, dass die praktische Ausbildung im Betrieb und – parallel dazu – die Vermittlung theoretischer Kenntnisse in der Berufsschule durchgeführt werden. Für Berufsschule und Ausbildungsbetriebe existieren in diesem Zusammenhang verschiedene Gesetze/Rechtsvorschriften. Stellen Sie bei den folgenden Gesetzen/Rechtsvorschriften jeweils fest, ob sie **P**

1 nur dem schulischen Teil der Berufsausbildung,
2 nur dem betrieblichen Teil der Berufsausbildung,
3 keinem Bereich der Berufsausbildung

zuzuordnen sind.

Gesetze/Rechtsvorschriften

a) Ausbildungsrahmenplan ☐
b) Rahmenlehrplan ☐
c) Ausbildungsordnung ☐
d) Berufsbildungsgesetz ☐
e) Tarifvertragsgesetz ☐

5 Stellen Sie jeweils fest, in welcher Rechtsgrundlage folgende Sachverhalte geregelt sind.

Rechtsgrundlagen

1 Tarifvertrag
2 Berufsbildungsgesetz
3 Betriebsverfassungsgesetz
4 Betriebsvereinbarung
5 Jugendarbeitsschutzgesetz

Tragen Sie eine **6** ein, wenn eine Zuordnung nicht möglich ist.

Sachverhalte

a) Eine Beschäftigung vor einem vor 10:00 Uhr beginnenden Berufsschulunterricht ist nicht möglich. ☐
b) Die Vergütung für Auszubildende beträgt im ersten Ausbildungsjahr ... €. ☐
c) Der Arbeitszeitbeginn liegt zwischen 07:30 Uhr und 09:00 Uhr. ☐
d) Für die Feststellung der Mindestgehälter gelten folgende Gruppen: ... ☐
e) Die Jugend- und Auszubildendenvertretung kann zu allen Betriebsratssitzungen einen Vertreter entsenden. ☐
f) Die Abschlussprüfung kann zweimal wiederholt werden. ☐

6 Beurteilen Sie die folgenden Aussagen zur Kündigung von Arbeits- bzw. Berufsausbildungsverhältnissen vor dem Hintergrund der gesetzlichen Bestimmungen zum Arbeitsrecht.
Tragen Sie ein eine

1, wenn sich die Aussage nur auf Arbeitsverhältnisse,
2, wenn sich die Aussage nur auf Berufsausbildungsverhältnisse,
3, wenn sich die Aussage sowohl auf Arbeits- als auch auf Berufsausbildungsverhältnisse,
4, wenn sich die Aussage weder auf Arbeits- noch auf Berufsausbildungsverhältnisse

bezieht.

Aussagen

a) Bei Kündigungen durch den Arbeitgeber existieren verlängerte Kündigungsfristen. ☐
b) Bei Vorliegen eines wichtigen Grundes ist eine fristlose Kündigung möglich. ☐
c) Unter bestimmten Voraussetzungen können Gekündigte sich darauf berufen, dass die Kündigung sozial ungerechtfertigt ist. ☐
d) Es existiert eine 4-wöchige Kündigungsfrist; diese Frist bezieht sich jedoch nicht auf Kündigungen durch den Arbeitgeber. ☐

P **7** Der 17-jährige Daniel schließt mit der Rhein-Main-Bank AG einen Berufsausbildungsvertrag. Seine Eltern stimmen dem Vertrag zu.

a) Daniel möchte seine vermögenswirksamen Leistungen (VL) in einem Wertpapiersparvertrag anlegen. Welche der folgenden Aussagen hierzu ist zutreffend? ☐

Aussagen

Zur Anlage der VL

1 ist eine Zustimmung durch Daniels Eltern notwendig, da für Wertpapiersparverträge im Gegensatz zu Bausparverträgen diese Zustimmung vorliegen muss;
2 ist eine Zustimmung durch Daniels Eltern nicht notwendig, da er für alle Rechtshandlungen im Zusammenhang mit der Ausbildung voll geschäftsfähig ist;
3 ist eine vorherige Zustimmung (Einwilligung) zwingend vorgeschrieben;
4 ist eine vorherige (Einwilligung) oder eine nachträgliche Zustimmung (Genehmigung) notwendig.

b) Während der Probezeit möchte die Rhein-Main-Bank das Berufsausbildungsverhältnis beenden. Welche der folgenden Aussagen zur Kündigung ist gemäß dem BBiG zutreffend? ☐

Aussagen

Die Kündigung ist

1 fristlos möglich; eine Begründung ist nicht anzugeben;
2 mit vierwöchiger Frist möglich; eine Begründung ist nicht anzugeben;
3 fristlos möglich; die Kündigung ist zu begründen;
4 mit vierwöchiger Frist möglich; die Kündigung ist zu begründen.

8 Sandra Karner tritt nach einer Ausbildung zur Bankkauffrau zum 01.02.2025 eine Stelle als Sachbearbeiterin bei der AMN-GmbH an. Im Mai 2025 erhält sie die ordentliche Kündigung ihres Arbeitgebers, da die Abteilung, in der sie arbeitet, aufgelöst wird. Welche der folgenden Aussagen zu den Bestimmungen zur „sozial ungerechtfertigten Kündigung" (§ 1 Kündigungsschutzgesetz – KSchG) ist richtig? ☐

Aussagen

Frau Karner kann sich

1 auf § 1 KSchG berufen, da eine Kündigung nach so kurzer Zeit sozial ungerechtfertigt ist;
2 auf § 1 KSchG berufen, da sie eine abgeschlossene Berufsausbildung vorzuweisen hat;
3 eventuell auf § 1 KSchG berufen; der Sachverhalt ist jedoch genauer zu prüfen;
4 nicht auf § 1 KSchG berufen, da sie noch nicht lange genug bei der AMN-GmbH beschäftigt ist;
5 auf § 1 KSchG berufen, da sie nicht aufgrund eines Fehlverhaltens oder mangelnder Eignung die Kündigung erhält.

9 Welche der folgenden Aussagen zur Kündigung von Arbeitsverhältnissen ist gemäß den Bestimmungen des BGB richtig? ☐

Aussagen

1 Verlängerte Kündigungsfristen gelten für eine Kündigung durch den Arbeitgeber.
2 Bei den verlängerten Kündigungsfristen werden Beschäftigungszeiten vor Vollendung des 20. Lebensjahres nicht berücksichtigt.
3 Alle aufgeführten Kündigungsfristen gelten sowohl für eine Kündigung durch den Arbeitgeber als auch für eine Kündigung durch die Arbeitnehmerin oder den Arbeitnehmer.
4 Die kürzeste Kündigungsfrist beträgt acht Wochen.
5 Das Beschäftigungsverhältnis läuft nach einer Kündigung stets zum Ende eines Kalendermonats aus.

10 Kennzeichnen Sie in den beiden folgenden Fällen jeweils die richtige Lösung. **P**

Fall 1

Die 17-jährige Daniela ist Auszubildende bei der Roth AG. Sie kündigt ohne Wissen ihrer Eltern das Ausbildungsverhältnis, da sie die Berufsausbildung aufgeben möchte. ☐

Fall 2

Der 16-jährige Mirko Bader arbeitet in den Sommerferien mit Zustimmung seiner Eltern als Lagerarbeiter bei der Roth AG. Er kündigt ohne Wissen seiner Eltern das Arbeitsverhältnis. ☐

Aussagen

Die Kündigung ist

1 wirksam; eine Zustimmung der Eltern ist nicht erforderlich.
2 wirksam; es ist jedoch eine Anfechtung durch die Eltern möglich.
3 schwebend unwirksam; zur Wirksamkeit bedarf es der Zustimmung durch die Eltern und durch das Vormundschaftsgericht.
4 schwebend unwirksam; zur Wirksamkeit bedarf es der Zustimmung durch die Eltern.
5 nichtig; es handelt sich um ein einseitiges Rechtsgeschäft, zu dem die vorherige Zustimmung der Eltern erforderlich ist.

11 Stellen Sie in den folgenden Situationen fest, durch wen die Kündigung eines Berufsausbildungsverhältnisses gemäß den Bestimmungen des Berufsausbildungsgesetzes jeweils möglich ist.

Eine Kündigung ist

1 nur durch den Ausbilder möglich;
2 nur durch den Auszubildenden möglich;
3 sowohl durch den Ausbilder als auch durch den Auszubildenden möglich;
4 in dieser Form im Berufsbildungsgesetz nicht vorgesehen.

Fälle

a) Fristlose Kündigung unter Angabe eines wichtigen Grundes nach der Probezeit ☐
b) Fristlose Kündigung ohne Angabe von Gründen innerhalb der Probezeit ☐
c) Fristlose Kündigung ohne Angabe von Gründen nach der Probezeit ☐
d) Kündigung mit 4-Wochen-Frist unter Angabe bestimmter Gründe nach der Probezeit ☐
e) Kündigung mit 4-Wochen-Frist ohne Angabe von Gründen innerhalb der Probezeit ☐

12 Welche der folgenden Aussagen zur Wahlberechtigung und Wählbarkeit für die Jugend- und Auszubildendenvertretung (JAV) der Niederrheinbank AG ist zutreffend?

a) Wahlberechtigung ☐

Aussagen

Für die JAV der Niederrheinbank AG sind wahlberechtigt

1 alle Arbeitnehmenden bis zur Vollendung des 21. Lebensjahres;
2 alle Arbeitnehmenden bis zur Vollendung des 25. Lebensjahres;
3 alle Arbeitnehmenden und alle Auszubildenden bis zur Vollendung des 25. Lebensjahres;
4 alle minderjährigen Arbeitnehmenden und alle Auszubildenden;
5 alle Arbeitnehmenden bis zur Vollendung des 21. und alle Auszubildenden bis zur Vollendung des 25. Lebensjahres.

P

b) Wählbarkeit ☐

Aussagen

Für die JAV der Niederrheinbank sind wählbar

1 nur die wahlberechtigten Personen;

2 außer den wahlberechtigten Personen noch diejenigen Arbeitnehmenden, die das 25. Lebensjahr noch nicht vollendet haben;

3 außer den wahlberechtigten Personen noch diejenigen Arbeitnehmenden, die das 28. Lebensjahr noch nicht vollendet haben;

4 alle in der Niederrheinbank beschäftigten Arbeitnehmenden (ausgenommen Teilzeitkräfte);

5 alle in der Niederrheinbank beschäftigten Arbeitnehmenden (ausgenommen nicht gewerkschaftlich organisierte Arbeitnehmende).

13 Welche der folgenden Aussagen zur regelmäßigen Amtszeit von Jugend- und Auszubildendenvertretung (JAV) und Betriebsrat ist richtig? ☐

Aussagen

Die Amtszeit beträgt

1 beim Betriebsrat zwei Jahre, bei der JAV vier Jahre;

2 beim Betriebsrat vier Jahre, bei der JAV zwei Jahre;

3 bei Betriebsrat und JAV jeweils zwei Jahre;

4 bei Betriebsrat und JAV jeweils vier Jahre;

5 bei Betriebsrat und JAV jeweils fünf Jahre.

14 Welche der folgenden Aussagen zum Mitwirkungsrecht des Betriebsrats bei Einstellungen ist zutreffend? ☐

Aussagen

1 Der Betriebsrat kann die Zustimmung zu einer Einstellung verweigern. Die Verweigerung ist in Schriftform innerhalb von zwei Wochen ab Unterrichtung zu erklären.

2 Ist die Zustimmung des Betriebsrats verweigert worden, so ist die Einstellung des Bewerbers in keinem Fall möglich.

3 Eine Einstellung in sogenannten Eilfällen kann auch ohne Zustimmung und ohne weitere Rechtsmittel des Betriebsrats vorgenommen werden.

4 Die Zustimmungsverweigerung des Betriebsrats führt automatisch zur Einschaltung des Arbeitsgerichts zwecks Ersetzung der Zustimmung.

5 Unterlässt der Arbeitgeber die Unterrichtung des Betriebsrats, so ist der Arbeitsvertrag trotzdem wirksam.

15 Stellen Sie bei den folgenden Aussagen jeweils fest, ob sie sich

1 auf den Manteltarifvertrag,

2 auf den Gehaltstarifvertrag,

3 auf keinen der genannten Tarifverträge

beziehen.

Aussagen

Diese Vereinbarung ...

a) legt einzelne Vergütungsgruppen fest. ☐

b) regelt die Eingruppierung von Tätigkeiten. ☐

c) regelt die zu leistende Arbeitszeit. ☐

d) hat in der Regel nur eine Laufzeit von zwölf Monaten. ☐

e) legt Arbeitsbeginn und Arbeitsende fest. ☐

f) legt die Höhe der Entgelte in den verschiedenen Gruppen fest. ☐

16 In den folgenden Aussagen wird der Ablauf eines Arbeitskampfes beschrieben. Bringen Sie die Aussagen durch Einsetzen der Ziffern 1 bis 9 in die richtige Reihenfolge. **P**

Aussagen

a) Die Arbeitgeber sperren als Gegenmaßnahme die Arbeitnehmenden aus. ☐
b) Die Schlichtungsverhandlungen werden als gescheitert erklärt. ☐
c) Die Tarifverhandlungen werden als gescheitert erklärt. ☐
d) Es erfolgt eine Urabstimmung über einen Streik. ☐
e) Die laufenden Tarifverhandlungen werden von Warnstreiks begleitet. ☐
f) Das Schlichtungsverfahren beginnt. ☐
g) Der bisherige Tarifvertrag läuft aus. ☐
h) Das Ergebnis wird in einer Urabstimmung gebilligt. ☐
i) Arbeitgeber und Arbeitnehmende treten nach den Arbeitskampfmaßnahmen in erneute Verhandlungen ein. ☐

17 Welche der folgenden Institutionen ist

1 Träger der gesetzlichen Krankenversicherung,
2 Träger der gesetzlichen Rentenversicherung,
3 Träger der gesetzlichen Arbeitslosenversicherung,
4 Träger der gesetzlichen Unfallversicherung?

Institutionen

a) AOK Rheinland/Hamburg ☐
b) Bundesagentur für Arbeit ☐
c) Deutsche Rentenversicherung Bund ☐
d) Gewerbliche Berufsgenossenschaft ☐
e) Barmer GEK ☐

18 Entscheiden Sie bei den folgenden Aussagen, auf welchen der nachstehend aufgeführten gesetzlichen Sozialversicherungszweige sich die Aussage jeweils bezieht.

1 Krankenversicherung
2 Rentenversicherung
3 Arbeitslosenversicherung
4 Unfallversicherung
5 Pflegeversicherung

Tragen Sie eine **6** ein, wenn eine Zuordnung sich auf mehrere der genannten Versicherungen bezieht.

Aussagen

a) Der Arbeitgeber hat den Betrag allein aufzubringen. ☐
b) Der Träger ist die Deutsche Rentenversicherung Bund. ☐
c) Der Gesamtbeitragssatz beträgt im Jahr 2025 2,6 %. ☐
d) Es gilt dieselbe Beitragsbemessungsgrenze wie bei der Rentenversicherung. ☐
e) Der Beitragssatz wird höchstens auf etwa 68 % der Beitragsbemessungsgrenze in der Rentenversicherung berechnet. ☐
f) Bei dieser Versicherung fällt der höchste Beitragssatz an. ☐
g) Die Beitragspflicht gilt nicht für alle Angestellten. ☐
h) Der Beitrag wird von Arbeitgeber und Arbeitnehmerin bzw. Arbeitnehmer je zur Hälfte bezahlt. ☐

P **19** Beim Bankhaus Kellermann & Co. oHG in Mainz erhielten die Angestellten Denise Brauer und Christian Borg in drei aufeinander folgenden Jahren folgende monatliche Bruttogehälter:

- Denise Brauer 5 400,00 €
- Christian Borg 6 220,00 €

Gehen Sie von folgenden Daten aus:

- Beitragsbemessungsgrenze in der Renten- und Arbeitslosenversicherung: 8 050,00 €
- Beitragsbemessungsgrenze in der Krankenversicherung: 5 512,50 € (diese liegt ca. 10,4 % unterhalb der Versicherungspflichtgrenze).

Entscheiden Sie, ob für die beiden o. g. Personen eine Versicherungspflicht in den unten aufgeführten **gesetzlichen** Sozialversicherungszweigen besteht.

Es besteht

1 für beide Personen,
2 nur für Frau Brauer,
3 nur für Herrn Borg,
4 für keine der beiden Personen

eine Versicherungspflicht.

Gesetzliche Sozialversicherungszweige

a) Rentenversicherung ☐
b) Arbeitslosenversicherung ☐
c) Krankenversicherung ☐

20 Entscheiden Sie in den folgenden Fällen, ob den einzelnen Arbeitnehmenden mit einem Kind oder mehreren Kindern der Stadtverwaltung Bruchhausen bei der monatlichen Gehaltsabrechnung ein geänderter Betrag ausgezahlt wird oder nicht. (Die Fälle sind unabhängig voneinander zu lösen. Nicht genannte Einflussgrößen bleiben unberücksichtigt.)

Der durch den Arbeitgeber ausgezahlte Betrag

1 erhöht sich in jedem Fall.
2 erhöht sich unter bestimmten Voraussetzungen/bestimmter Voraussetzung.
3 vermindert sich in jedem Fall.
4 vermindert sich unter bestimmten Voraussetzungen/bestimmter Voraussetzung.
5 bleibt in jedem Fall unverändert.

Fälle

a) Bund, Länder und Gemeinden vereinbaren einen anderen Verteilungsschlüssel für die Einkommensteuer. ☐
b) Das staatliche Kindergeld wird erhöht. ☐
c) Die steuerfreie Kilometerpauschale für Fahrten zur Arbeitsstelle wird gesenkt. ☐
d) Die Beitragsbemessungsgrenze für die Renten- und Arbeitslosenversicherung wird erhöht. ☐
e) Der Beitragssatz für die Rentenversicherung wird erhöht. ☐

21 Markus Beller ist 31 Jahre alt und kinderlos. Er verdient als Angestellter der Sparkasse Rotheim im Mai 2025 2 900,00 € brutto zuzüglich 40,00 € vermögenswirksame Leistung des Arbeitgebers.

Welchen Beitrag zur gesetzlichen

a) Krankenversicherung (Beitragssatz 14,6 %) € ☐☐☐,☐☐
b) Pflegeversicherung (Beitragssatz 3,6 % zuzüglich 0,6 % Beitragszuschlag für Kinderlose) € ☐☐,☐☐

muss Markus Beller aufbringen, wenn seine Krankenkasse einen Zusatzbeitrag in Höhe von 2,4 % erhebt?

1.2 Konventionelle Aufgaben

K

1 Stellen Sie jeweils fest, ob bzw. mit welcher Frist die Kündigung eines Berufsausbildungsverhältnisses in den folgenden Fällen möglich ist. Geben Sie auch jeweils an, ob eine Begründung für die Kündigung anzugeben ist.

Fälle

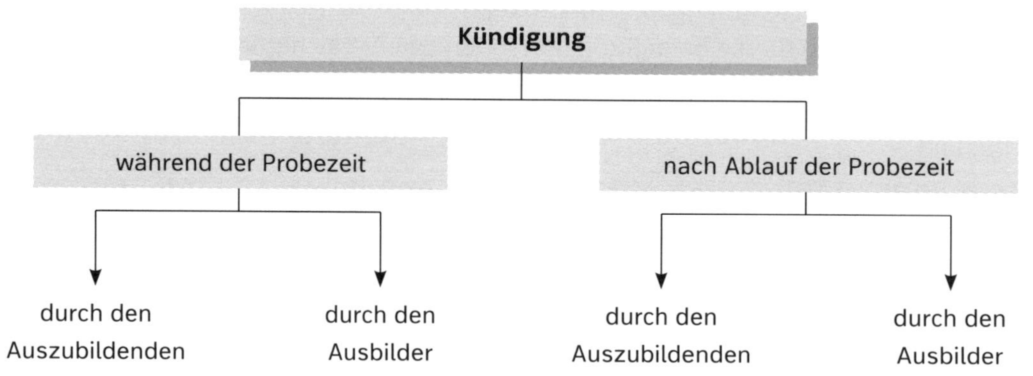

2 Herr Landmann, Inhaber einer Teppichhandlung, hat Gerda Röhlen zum 01.08.2024 als Auszubildende eingestellt. Am Abend des 18.08.2024 ruft Herr Landmann Frau Röhlen an und teilt ihr mit, dass er sie wegen der zunehmend schlechter werdenden Geschäftslage leider nicht mehr weiter beschäftigen kann. Ist hiermit eine rechtswirksame Kündigung erfolgt? (Begründen Sie Ihre Auffassung.)

3 Der 19-jährige Marco Dietrichs arbeitet seit dem 01.08.2024 in seinem Ausbildungsbetrieb, dem Bankhaus Weissenstein KG. Der Ausbildungsabteilung des Bankhauses geht am 31.01.2025 folgendes Schreiben zu:

> Sehr geehrte Damen und Herren,
>
> hierdurch teile ich Ihnen mit, dass ich meine Ausbildung zum 20. Februar 2025 beenden werde, da ich einer anderen Berufstätigkeit nachgehen möchte.
>
> Mit freundlichen Grüßen
>
> Marco Dietrichs

Entspricht diese Willenserklärung den Anforderungen des Berufsbildungsgesetzes zur Kündigung von Ausbildungsverhältnissen? (Begründen Sie Ihre Entscheidung.)

4 Entscheiden Sie mithilfe des nachstehenden Auszuges aus dem BGB, wann das Arbeitsverhältnis in den folgenden Fällen jeweils endet. (Die ordentliche Kündigung erfolgt durch den Arbeitgeber.)

Fälle

	Zugang der Kündigung	Betriebszugehörigkeit
a)	12.01.2025	seit 02.01.2023
b)	09.02.2025	seit 02.01.2015
c)	16.03.2025	seit 01.06.2023

K

Auszug aus dem BGB (zu Aufgabe 4 und 5)

§ 622 [Kündigungsfrist bei Arbeitsverhältnissen]

(1) Das Arbeitsverhältnis eines Arbeiters oder eines Angestellten (Arbeitnehmers) kann mit einer Frist von vier Wochen zum Fünfzehnten oder zum Ende eines Kalendermonats gekündigt werden.

(2) Für eine Kündigung durch den Arbeitgeber beträgt die Kündigungsfrist, wenn das Arbeitsverhältnis in dem Betrieb oder Unternehmen

1. zwei Jahre bestanden hat, einen Monat zum Ende eines Kalendermonats,
2. fünf Jahre bestanden hat, zwei Monate zum Ende eines Kalendermonats,
3. acht Jahre bestanden hat, drei Monate zum Ende eines Kalendermonats,
4. zehn Jahre bestanden hat, vier Monate zum Ende eines Kalendermonats,
5. zwölf Jahre bestanden hat, fünf Monate zum Ende eines Kalendermonats,
6. fünfzehn Jahre bestanden hat, sechs Monate zum Ende eines Kalendermonats,
7. zwanzig Jahre bestanden hat, sieben Monate zum Ende eines Kalendermonats.

5 Ermitteln Sie unter den gleichen Voraussetzungen wie in der Aufgabe 4 das Datum, zu dem die Kündigung den betroffenen Arbeitnehmenden spätestens zugegangen sein muss.

Fälle

	Betriebszugehörigkeit	Ausscheiden aus dem Betrieb zum
a)	seit 02.01.2024	15.09.2025
b)	seit 01.10.2022	31.08.2025

6 Der 17-jährige Kai Semmling schließt mit der Volksbank Hängendorf einen Ausbildungsvertrag. Seine Eltern haben dem Vertrag zugestimmt.

a) Bedarf es zur Wirksamkeit des Vertrages einer Schriftform? (Begründen Sie Ihre Entscheidung anhand des § 11 Berufsbildungsgesetz – BBiG.)

b) Ist Kai Semmling in jedem Fall dazu berechtigt, ohne Zustimmung seiner Eltern einen Vertrag über die Anlage seiner vermögenswirksamen Leistung abzuschließen? (Begründen Sie Ihre Auffassung.)

Gehen Sie davon aus, dass Kai Semmling nach zwei Wochen die Ausbildung abbrechen möchte. (Begründen Sie bei den folgenden Fragen jeweils Ihre Auffassung.)

c) Hat Kai
   - ca) eine Formvorschrift für eine eventuelle Kündigung zu beachten,
   - cb) eine Begründung für seine Kündigung anzugeben,
   - cc) die Einwilligung oder Genehmigung seiner Eltern zur Kündigung einzuholen?

7 Die 24-jährige Jana Hellmann arbeitet seit dem 01.08.2024 ohne Unterbrechung bei der Finanzverwaltungs-GmbH. Da die Abteilung, in der sie beschäftigt ist, aufgelöst wird, erhält sie am 10.06.2025 ein Kündigungsschreiben ihres Arbeitgebers; gemäß diesem Schreiben soll das Arbeitsverhältnis zum 30.06.2025 enden.

a) Prüfen Sie, ob der Arbeitgeber die gesetzliche Kündigungsfrist eingehalten hat.

Bei der Finanzverwaltungs-GmbH arbeitet seit einigen Jahren auch Herr Kröll. Für ihn gilt nach den Bestimmungen des BGB eine Kündigungsfrist von drei Monaten.

b) Erläutern Sie, ob bzw. inwieweit die Finanzverwaltungs-GmbH mit Herrn Kröll vertraglich eine kürzere Kündigungsfrist vereinbaren darf.

8 Die Jugend- und Auszubildendenvertretung (JAV) der Volksbank Kallenrath möchte einen arbeitsfreien Nachmittag für volljährige Auszubildende durchsetzen, die sich im Teilzeitunterricht der Berufsschule befinden. **K**

a) An wen hat sich die JAV zunächst zu wenden?

Bei der Sitzung des zuständigen Gremiums soll das o. g. Thema diskutiert werden.

b) Welche Person(en) ist/sind zur Teilnahme an dieser Diskussion berechtigt?
c) Welche Person(en) ist/sind zur Abstimmung über einen eventuellen Beschluss berechtigt?

9 Gehen Sie von folgenden Unternehmen aus:

	Arbeitnehmerzahl	**Zahl der Aufsichtsratsmitglieder**
Mainbank AG	1 850	15
Isartalbank AG	18 550	16

a) Wie viele Aufsichtsratssitze entfallen
   aa) bei der Mainbank AG,
   ab) bei der Isartalbank AG
   auf Arbeitnehmervertreter?

b) Beschreiben Sie das Entscheidungsverfahren für den Fall, dass sich bei der Isartalbank eine Stimmengleichheit in einer Abstimmung ergibt.

10 Karl Leister bezog als Prokurist der Eisenwaren-GmbH im Jahr 2025 ein Bruttoarbeitsentgelt in Höhe von 69 800,00 € (bei zwölf gleichen Monatsgehältern) zuzüglich Weihnachtsgeld in Höhe von 1 500,00 € brutto.

Entscheiden Sie jeweils, ob für Karl Leister 2025 eine Versicherungspflicht in den verschiedenen Zweigen der gesetzlichen Sozialversicherung bestand. Gehen Sie von den für 2025 geltenden Grenzen in den Zweigen der gesetzlichen Sozialversicherung aus (vgl. Aufg. 13).

11 Ein lediger Arbeitnehmer hat ein Bruttogehalt in Höhe von 2 404,95 €. Sein Arbeitgeber gewährt ihm zusätzlich Vermögenswirksame Leistungen in maximaler Förderungshöhe. Der Arbeitnehmer hat auf seiner Lohnsteuerkarte einen monatlichen Freibetrag von 170,00 € eintragen lassen.

a) Ermitteln Sie mithilfe des folgenden Auszuges aus einer Monatssteuertabelle den Abzug für Lohn- und Kirchensteuer.

Lohn/Gehalt (€)	**Lohnsteuer (€)**	**SolZ (€)**	**Kirchensteuer (%)**
2 228,99 – 2 237,98	155,75	0	8
2 274,00 – 2 276,99	165,66	0	8
2 442,00 – 2 444,99	200,66	0	8

b) Bei der monatlichen Gehaltsabrechnung für den Arbeitnehmer fallen außerdem Beiträge für die verschiedenen Zweige der gesetzlichen Sozialversicherung an. Bringen Sie diese in eine Rangfolge gemäß ihrer Höhe.

K **12** Vervollständigen Sie mithilfe des Betriebsverfassungsgesetzes die folgende Übersicht:

Betriebsversammlung

besteht aus

____

____

______________________ (§ 42)

Bericht über

____

____

______________________ (§ 43 (2))

Geschäftsleitung

(§ 74 f.) ______________________

____

____

(§ 67)

Teilnahmerecht: ______________________

____

____

Stimmrecht: ______________________

____

____

Vertreter

Jugend- und Auszubildendenvertretung (JAV)

Mitgliederzahl je nach ______________________

____

_____ bis _____ Vertreter (§ 62)

Betriebsrat

§ 9: zu bilden ab

_____ Arbeitnehmern

Wahl auf

_____ Jahre (§ 64)

wahlberechtigt ______________________

______________________ (§ 61 (1))

wählbar ______________________

______________________ (§ 61 (2))

Wahl auf

_____ Jahre (§ 21)

wahlberechtigt ______________________

______________________ (§ 7)

wählbar ______________________

______________________ (§ 8 (1))

K

Sozialversicherung 2025

	Versicherungspflichtige	Beitragsbemessungsgrenzen	Beitragssätze
Rentenversicherung/ Arbeitslosenversicherung	Arbeiter und Angestellte ohne Rücksicht auf die Höhe des Jahresarbeitsentgeltes	96 600,00 € jährlich (8 050,00 € monatlich)	Rentenversicherung: 18,6 % Arbeitslosenversicherung: 2,6 %
Krankenversicherung	Arbeiter und Angestellte, deren regelmäßiges Jahresarbeitsentgelt die Grenze von 73 800,00 € jährlich (6 150,00 € monatlich) nicht überschreitet	66 150,00 € jährlich (5 512,50 € monatlich)	Allgemeiner Beitragssatz 14,6 %; Zusatzbeiträge werden von den Krankenkassen autonom festgelegt (im Durchschnitt 2,5 %).
Pflegeversicherung	Alle gesetzlich und privat krankenversicherten Personen (Personen, die von der gesetzlichen Krankenversicherung befreit sind, müssen eine private Pflegeversicherung abschließen.)	66 150,00 € jährlich (5 512,50 € monatlich)	Allgemeiner Beitragssatz: 3,6 % Zuschlag für Kinderlose ab 23 Jahre: 0,6 %

13 Ermitteln Sie mithilfe der oben abgebildeten Tabelle für einen 30-jährigen, kinderlosen Arbeitnehmer der Möbelkontor AG in Mannheim mit einem Bruttoeinkommen von 5 620,00 €

a) den Eurobeitrag zur gesetzlichen
  aa) Arbeitslosenversicherung,
  ab) Rentenversicherung,
  ac) Krankenversicherung (es wird ein Zusatzbeitrag in Höhe von 3,0 % erhoben),
  ad) Pflegeversicherung
  im Juni 2025.

b) die Summe der vom Arbeitgeber zu zahlenden Sozialversicherungsbeiträge für diesen Arbeitnehmer. (Hinweis: Der Beitragssatz für die gesetzliche Unfallversicherung beträgt 2,2 %.)

c) Welche Besonderheit bei der Abrechnung würde sich für den Arbeitnehmer ergeben, wenn er nicht in Mannheim, sondern in Dresden arbeiten würde?

14 Stellen Sie jeweils fest, auf welchen Zweig/welche Zweige der gesetzlichen Sozialversicherung sich die folgenden Aussagen im Zusammenhang mit den Lohnnebenkosten der Mainbank AG in Frankfurt beziehen.

Aussagen

a) Dieser Teil der Beiträge steht der Deutschen Rentenversicherung Bund zu.
b) Nicht alle Arbeitnehmende der Mainbank AG sind hier beitragspflichtig.
c) Hier hat die Mainbank AG den vollen Beitrag zu zahlen.
d) Hier wird der höchste Beitragssatz berechnet.
e) Die Mainbank trägt nur die Hälfte dieses Beitrags/dieser Beiträge.

K **15** Bei der Altersvorsorge spricht man häufig von den „drei Säulen", die man wie folgt unterteilen kann:

1. Basisvorsorge
2. Staatlich geförderte Zusatzvorsorge
3. Private Altersvorsorge

a) Nennen Sie jeweils zwei Bestandteile, die zu diesen Säulen gehören.

Sie lesen in einer Tageszeitung die folgende Notiz:

„Die monatliche Standardrente lag ab dem 01.07.2024 bei 1 769,40 Euro brutto"

b) Erläutern Sie den Begriff „Standardrente" und stellen Sie fest, auf welche der drei Säulen sich dieser Begriff bezieht.

16 In der gesetzlichen Krankenversicherung wird zwischen Sach- und Geldleistungen sowie zwischen Regel- und Mehrleistungen unterschieden. Grenzen Sie diese Begriffe voneinander ab. Nennen Sie jeweils ein Beispiel.

17 Marianne Kellermann geht nach Erreichen der Regelaltersgrenze in Rente. Für sie gelten folgende Werte:

- Entgeltpunkte: 50,15
- Zugangsfaktor: 1,0
- aktueller Rentenwert: 39,32 €

a) Erläutern Sie die Begriffe „Entgeltpunkte" und „Zugangsfaktor".

b) Ermitteln Sie die Rentenhöhe für Frau Kellermann.

18 Bei der Düsseldorfer Dynamik-Anlage GmbH sind die Beiträge für den Arbeitgeberanteil zur Sozialversicherung für den Monat Juli 2025 zu ermitteln. Bei den insgesamt 54 Angestellten sind 20 Personen zu berücksichtigen, deren monatliches Bruttogehalt über der Beitragsbemessungsgrenze in der gesetzlichen Renten- und Arbeitslosenversicherung liegt.

a) Ermitteln Sie mithilfe der Tabelle aus Aufg. 13 die Gesamtsumme des Arbeitgeberbeitrags zur Rentenversicherung für diese 20 Personen.

b) Wie viel Euro Arbeitgeberbeitrag zur Arbeitslosenversicherung hat die Dynamik-Anlage GmbH für die 20 genannten Personen aufzubringen?

c) Nehmen Sie Stellung zu folgender Aussage: „Bei einer Erhöhung der Beitragsbemessungsgrenze um 2 % steigen die von der Dynamik-Anlage GmbH zu zahlenden Lohnnebenkosten ebenfalls um 2 %."

19 Marianne Kellermann (s. Aufg. 17) stellt mithilfe der nachstehenden Übersicht fest, dass ihr Rentenanspruch über dem Bundesdurchschnitt liegt. Außerdem fällt ihr der große Unterschied bei den Rentenzahlungen an Männer und Frauen auf. **K**

a) Um wie viel Prozent liegt die durchschnittliche Bruttorente für Frauen unter dem Wert für die männlichen Rentner?

b) Beschreiben Sie zwei Gründe für diesen großen Unterschied.

Die Altersrenten

Zahl und durchschnittliche Höhe der gesetzlichen Bruttobezüge (im Rentenbestand Ende 2022, nach Bundesländern)

● Zahl der Altersrenten

● **Durchschnittlicher Bruttobetrag der Altersrenten nach mindestens 35 Versicherungsjahren in Euro**

1.450 1.450 1.650

		Männer	Frauen
1.677	Saarland	1.840	1.311
1.644	Nordrhein-Westfalen	1.845	1.322
1.609	Hessen	1.785	1.329
1.609	Hamburg	1.783	1.394
1.607	Baden-Württemberg	1.830	1.293
1.598	Berlin-Ost	1.699	1.501
1.577	Rheinland-Pfalz	1.743	1.281
1.562	Schleswig-Holstein	1.730	1.297
1.551	Niedersachsen	1.723	1.267
1.545	Bayern	1.732	1.278
1.542	Bremen	1.716	1.291
1.500	Berlin-West	1.652	1.350
1.486	Brandenburg	1.600	1.374
1.445	Sachsen	1.582	1.320
1.443	Mecklenburg-Vorpommern	1.537	1.352
1.434	Sachsen-Anhalt	1.559	1.317
1.427	Thüringen	1.551	1.310
1.550	**Durchschnittliche Bruttorente im Bundesgebiet**	1.728	1.316
1.384	**Durchschnittlicher Zahlbetrag im Bundesgebiet**	1.543	1.173

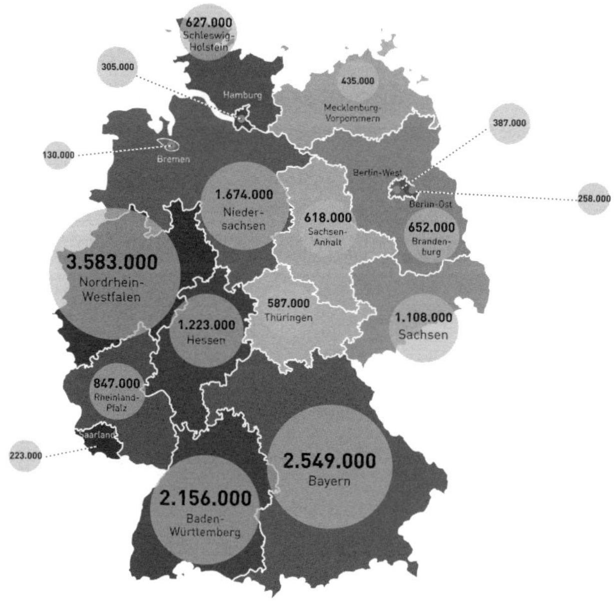

Quelle: Deutsche Rentenversicherung, https://www.deutsche-rentenversicherung.de/SharedDocs/Downloads/DE/Statistiken-und-Berichte/Rentenatlas/2023/rentenatlas-2023-altersrente-nach-bundeslaendern.pdf?__blob=publicationFile&v=5, [25.8.2024]

c) Wie viel Mrd. Euro Bruttorente entfielen gemäß der Übersicht im angegebenen Jahr auf das Land Nordrhein-Westfalen? (Ergebnis auf eine Stelle nach dem Komma runden.)

20 Grenzen Sie die Begriffe „private Pflegeversicherung" und „soziale Pflegeversicherung" ab und erläutern Sie den Unterschied.

F

1.3 Fallaufgaben

1 Der 21-jährige Albert Klatt, ledig und kinderlos, wohnhaft in 40219 Düsseldorf, Friedensplatz 2, bewirbt sich nach erfolgreichem Abschluss einer Bankausbildung auf die folgende Stelle:

> **BMG – Buschkropper Marketing GmbH**
> **Domplatz 24, 50001 Köln**
>
> Wir sind ein großes, international tätiges Unternehmen und suchen für unseren Hauptsitz in Köln eine/-n qualifizierte/-n
>
> *Finanzbuchhalter/-in*
>
> In Kooperation mit der Leitung Finance und Controlling betreuen Sie unseren gesamten Kreditorenbereich.
>
> Wir bieten bei einer 39,5-Stunden-Woche eine unbefristete Tätigkeit an einem attraktiven Arbeitsplatz, ein hohes Gehalt bei 12 Monatsgehältern und vermögenswirksame Leistungen.
>
> Wenn Sie über eine kaufmännische Ausbildung, gute Englischkenntnisse und Erfahrung im Umgang mit einschlägigen Computerprogrammen (MS Office etc.) verfügen, sind Sie bei uns genau richtig!
>
> Bewerben Sie sich bei ....

Nach dem Vorstellungsgespräch erhält Herr Klatt zum 01.01.2024 die Stelle. Sein Arbeitgeber zahlt ein Bruttogehalt von 2 832,00 € zuzüglich 20,00 € vermögenswirksame Leistungen (VL).

AWL-Lehrbuch

a) Formulieren Sie die Mindestinhalte, die in den Arbeitsvertrag aufgrund der Bestimmungen des „Gesetzes über den Nachweis der für ein Arbeitsverhältnis geltenden wesentlichen Bedingungen – Nachweisgesetz“ aufzunehmen sind. (Fehlende Angaben nach Ihrer Wahl.)

b) Ermitteln Sie mithilfe der Tabelle auf Seite 20 die von Herrn Klatt zu zahlende Lohn- und Kirchensteuer und erläutern Sie, für welche Personen die in der Tabelle aufgeführten Lohnsteuerklassen gelten.

Herr Klatt erkundigt sich nach den Regelungen zum Gesundheitsfonds. Er befürchtet, dass seine Krankenkasse demnächst einen höheren Zusatzbeitrag erheben wird.

c) Informieren Sie Herrn Klatt über Hintergründe zur Erhebung eines Zusatzbeitrages seiner gesetzlichen Krankenversicherung.

BWL-Lehrbuch

d) Stellen Sie fest, ob Herr Klatt eventuell mit einer staatlichen Förderung nach dem Fünften Vermögensbildungsgesetz (Arbeitnehmer-Sparzulage) rechnen kann.

Am 04.12.2024 teilt die Geschäftsführerin der BMG Herrn Klatt mit, dass der gesamte Bereich Finance und Controlling und die mit diesem Bereich kooperierenden Stellen zukünftig von der Niederlassung in Paris übernommen werden. Trotz guter Leistungen müsse Herr Klatt daher bedauerlicherweise das Unternehmen zum Jahresende verlassen. **F**

§ 1 KSchG

e) Herr Klatt ist der Meinung, dass seine Kündigung „sozial ungerechtfertigt" ist. Prüfen Sie den Sachverhalt. (Welche Informationen sind ggf. noch einzuholen?)

§ 102 BetrVG

f) An wen müsste Herr Klatt sich wenden, wenn er sich auf das Vorliegen einer „sozial ungerechtfertigten Kündigung" berufen würde?

§ 9 und § 10 KSchG

g) Erläutern Sie zwei Folgen, die sich aufgrund einer erfolgreichen Klage gegen die Kündigung für Herrn Klatt ergeben können.

Lohnsteuertabelle 2024, Kirchensteuer 9%

Brutto	Tabstufe von bis	Steuerkl.	Lohnsteuer	Solz	KiSt
		5	541,00	0,00	48,69
		6	578,83	0,00	52,09
2700,00	2700,00 - 2702,99	1	251,66	0,00	22,64
		2	163,25	0,00	14,69
		3	20,16	0,00	1,81
		4	251,66	0,00	22,64
		5	555,50	0,00	49,99
		6	593,83	0,00	53,44
2750,00	2748,00 - 2750,99	1	262,00	0,00	23,58
		2	173,16	0,00	15,58
		3	26,33	0,00	2,36
		4	262,00	0,00	23,58
		5	569,33	0,00	51,23
		6	608,00	0,00	54,72
2800,00	2799,00 - 2801,99	1	273,16	0,00	24,58
		2	183,75	0,00	16,53
		3	33,00	0,00	2,97
		4	273,16	0,00	24,58
		5	584,33	0,00	52,58
		6	623,50	0,00	56,11
2850,00	2850,00 - 2852,99	1	284,33	0,00	25,58
		2	194,41	0,00	17,49
		3	39,83	0,00	3,58
		4	284,33	0,00	25,58
		5	599,50	0,00	53,95
		6	638,83	0,00	57,49
2900,00	2898,00 - 2900,99	1	294,91	0,00	26,54
		2	204,50	0,00	18,40
		3	46,33	0,00	4,16
		4	294,91	0,00	26,54
		5	613,83	0,00	55,24
		6	653,50	0,00	58,81
2950,00	2949,00 - 2951,99	1	306,25	0,00	27,56
		2	215,33	0,00	19,37
		3	53,66	0,00	4,82
		4	306,25	0,00	27,56
		5	629,16	0,00	56,62
		6	669,33	0,00	60,23
3000,00	3000,00 - 3002,99	1	317,66	0,00	28,58
		2	226,25	0,00	20,36
		3	61,00	0,00	5,49
		4	317,66	0,00	28,58
		5	644,66	0,00	58,01
		6	685,16	0,00	61,66
3050,00	3048,00 - 3050,99	1	328,50	0,00	29,56
		2	236,58	0,00	21,29

Quelle: IMACC Firmen Ratgeber: Lohn, Gehalt, Buchhaltung, Steuer, Recht, https://steuertabelle.com.de/PDF/Allg-Lohnsteuertabelle-2024-9.pdf (12.10.2024)

F **2** Bei der Regiobank AG stehen Wahlen zum Betriebsrat und zur Jugend- und Auszubildendenvertretung (JAV) an. Die Bank beschäftigt folgende Mitarbeitende.

Auszubildende		**Angestellte**	
Alter	Anzahl	Alter	Anzahl
16 Jahre	5	17 Jahre	4
17 Jahre	4	18–24 Jahre	35
18 Jahre	10	ab 25 Jahre	190
19–20 Jahre	15		
25 Jahre	1		

(Alle Beschäftigten gehören der Bank mehr als sechs Monate an.)

§§ 7, 8 und 61 BetrVG

a) Erläutern Sie die Begriffe „aktives Wahlrecht“ und „passives Wahlrecht“.

b) Stellen Sie fest, wie viele Personen das aktive Wahlrecht
   ba) für den Betriebsrat,
   bb) für die JAV
   besitzen.

c) Stellen Sie fest, wie viele Personen das passive Wahlrecht
   ca) für den Betriebsrat,
   cb) für die JAV
   besitzen.

§ 62 BetrVG

d) Stellen Sie fest, wie viele Mitglieder die JAV aufweisen muss.

§ 67 BetrVG

e) In der nächsten Sitzung des Betriebsrats sollen u. a. folgende Tagesordnungspunkte behandelt werden:

- Festlegung neuer Kernarbeitszeiten innerhalb der Gleitzeit
- Gestaltung eines Aufenthaltsraumes für die Belegschaft
- Einführung eines regelmäßigen „Azubi-Info-Nachmittags“

Stellen Sie jeweils fest, ob ein Mitglied oder mehrere Mitglieder der JAV bei der Behandlung dieser Punkte teilnahme- bzw. stimmberechtigt ist/sind.

2 Rechtliche Rahmenbedingungen des Wirtschaftens

2.1 Programmierte Aufgaben

P

1 Um welches Rechtssubjekt handelt es sich jeweils?

1 natürliche Person
2 juristische Person
3 Personenhandelsgesellschaft
4 nicht rechtsfähige Personenvereinigung

a) Krapp und Co. KG ☐
b) Weber Finanzanlagen-GmbH ☐
c) Betriebssportgemeinschaft Polizei Köln-Süd ☐
d) Bundesagentur für Arbeit ☐
e) Arztpraxis Dr. Elvira Kühn und Dr. Egon Kühn ☐
f) Interessenverband der Textilindustrie Linker Niederrhein e. V. ☐
g) Kusel und Werner oHG ☐

2 Prüfen Sie in den folgenden Fällen, ob es sich

1 um einen Vertragsantrag,
2 um eine Vertragsannahme,
3 weder um einen Antrag noch um die Annahme eines Vertrages handelt.

aa) Der Käufer bestellt. ☐
ab) Der Verkäufer lehnt die Lieferung ab. ☐
ba) Der Verkäufer sendet unbestellte Ware. ☐
bb) Der Käufer nimmt sie in Besitz. ☐
ca) Der Verkäufer macht ein bindendes Angebot. ☐
cb) Der Käufer bestellt nach einem halben Jahr. ☐

3 Prüfen Sie, ob für die aufgeführten Rechtsgeschäfte

1 Schriftform,
2 notarielle Beglaubigung,
3 notarielle Beurkundung,
4 keine äußere Form

vorgeschrieben ist.

a) Bürgschaftsversprechen eines Kaufmanns ☐
b) Kündigung eines Mietverhältnisses über eine Mietwohnung ☐
c) Mietvertrag über eine Wohnung (Mietdauer drei Jahre) ☐
d) Anmeldung einer Prokuraerteilung zur Eintragung in das Handelsregister ☐
e) Abschluss eines Gesellschaftsvertrages zur Gründung einer BGB-Gesellschaft ☐
f) Abschluss eines Gesellschaftsvertrages zur Gründung einer GmbH ☐

4 Welche beiden der folgenden Aussagen sind richtig?

Aussagen ☐ ☐

1 Veräußerungsverträge können sich nur auf Sachen beziehen.
2 Veräußerungsverträge können sich nur auf Rechte beziehen.
3 Veräußerungsverträge können sich auf Sachen oder Rechte beziehen.
4 Überlassungsverträge können sich nur auf Sachen beziehen.
5 Überlassungsverträge können sich nur auf Rechte beziehen.
6 Überlassungsverträge können sich auf Sachen oder Rechte beziehen.

P **5** Kennzeichnen Sie die nachstehenden Vorgänge mithilfe der folgenden Vertragsarten.

Vertragsarten

1 Werkvertrag
2 Dienstvertrag
3 Kaufvertrag
4 Schenkungsvertrag
5 Mietvertrag
6 Leihvertrag
7 Verwahrungsvertrag
8 Sachdarlehensvertrag

Vorgänge

a) Einem Praktikanten wird für vier Wochen entgeltlich ein Zimmer zur Verfügung gestellt. ☐
b) Egon Klauser überlässt einer Nichte unentgeltlich seinen Kleinbus für einen Transport von Möbeln. ☐
c) Der Erfolgsautor Hans-Mario Klemm verpflichtet sich seinem Verlag gegenüber, innerhalb der nächsten sechs Monate einen Kriminalroman zu schreiben, den der Verlag dann in einer Stückzahl von 10000 Exemplaren veröffentlichen soll. ☐
d) Hans Müller möchte seine Frau mit einem selbst gekochten Menü überraschen. Da ihm noch Mehl zum Binden der Soße fehlt, bittet er seine Nachbarin, ihm ein Pfund zu überlassen. Die Nachbarin macht keine Ansprüche geltend. ☐
e) Die Net-Use-AG veräußert das Nutzungsrecht für eine Internetsoftware. ☐
f) Die Schützengilde „Königstein" spendet der belgischen Heilsarmee eine Suppenküche. ☐
g) Ein Azubi besorgt sich von seinem Kreditinstitut für einen USA-Aufenthalt 150,00 USD. ☐
h) Kurt Petersen übernimmt beim Bankhaus Jacoby KGaA die entgeltliche Verpflichtung, die Auszubildenden des Bankhauses auf die Abschlussprüfung vorzubereiten. ☐
i) K. Abel erwirbt gegen Entgelt von der Waller AG das Patent auf ein Produktionsverfahren. ☐
j) Herbert Faust stellt sein Fahrrad vorübergehend im Schuppen eines Freundes unter. ☐

6 Das BGB regelt u.a. den Erwerb und den Verlust des Eigentums an beweglichen Sachen. Stellen Sie in den unten stehenden Fällen fest, ob

1 Eigentumserwerb vom Berechtigten,
2 gutgläubiger Eigentumserwerb vom Nichtberechtigten,
3 kein Eigentumserwerb vorliegt.

a) Ein 20-jähriger Auszubildender kauft drei Inhaberaktien von einem Nachbarn. Ihm ist bei der Übergabe nicht bekannt, dass der Verkäufer die Wertpapiere dem Eigentümer gestohlen hat. ☐
b) Ein Kreditinstitut erwirbt mehrere Goldmünzen (keine gesetzlichen Zahlungsmittel). Ihm ist nicht bekannt, dass die Münzen gestohlen sind. ☐
c) Ein 20-jähriger Auszubildender verkauft und übergibt einem anderen Auszubildenden eine Smartwatch, die er sich selbst geliehen hatte. Der Käufer hält den Verkäufer für den Eigentümer. ☐
d) Der achtjährige Stephan verkauft und übergibt seiner siebenjährigen Freundin Clara seinen Teddybären, Kaufpreis 1,50 €. ☐
e) Einem Kreditinstitut wird eine Maschine zur Sicherung übereignet; gleichzeitig wird mit dem Kreditinstitut ein Besitzkonstitut vereinbart. Dem Kreditinstitut ist nicht bekannt, dass die Maschine mit einem Eigentumsvorbehalt belastet ist. ☐
f) Ein 20-jähriger Auszubildender verkauft sein Fahrrad einem Freund. Er einigt sich mit dem Käufer über den Eigentumsübergang und tritt den Herausgabeanspruch an den Freund ab, da das Fahrrad an einen Dritten verliehen ist. ☐

7 Kennzeichnen Sie die folgenden Rechtsobjekte. **P**

1 Bewegliche vertretbare Sache
2 Bewegliche nicht vertretbare Sache
3 Immobilie
4 Recht

Rechtsobjekte

a) Das mit diversen Anmerkungen versehene Lehrbuch „Kompaktwissen" des Auszubildenden Erich Flaatz ☐
b) Geldeinlage des Kommanditisten Rasche bei der Firma Klein und Co. KG ☐
c) Festgeld Nr. 87684 bei der Sparkasse Lauburg ☐
d) Werbegeschenk der Stadtsparkasse Eifeltor (Drehstift-Filzmarker) ☐
e) Eigentumswohnung im Block 5 an der Säbelner Straße, München ☐
f) Sparbuch zum Sparkonto Nr. 5467878 beim Bankhaus Kallrath KG ☐

8 Prüfen Sie in den folgenden Fällen jeweils, ob bzw. in welcher Form ein Eigentumserwerb vorliegt.

Es liegt (nach Abschluss aller Rechtshandlungen)

1 ein Eigentumserwerb vom Berechtigten,
2 ein gutgläubiger Eigentumserwerb vom Nichtberechtigten,
3 kein Eigentumserwerb vor.

Fälle

a) Der Geschäftsführer der ABC-GmbH verkauft eine an die Hausbank der GmbH sicherungsübereignete und nicht näher gekennzeichnete Maschine an eine Verwertungsgesellschaft. Diese zahlt den Kaufpreis bar und transportiert die Maschine in ihr Lager. ☐
b) Der elfjährige Peter verkauft ohne Wissen seiner Eltern seinen Fernseher an die Mutter seines Freundes. Das Gerät wird gegen Zahlung des Kaufpreises übergeben. ☐
c) Bei einem Besuch entwendet der 20-jährige Sebastian H. seinem Onkel eine gültige Kinokarte. Er übergibt die Karte gegen Zahlung von 8,00 € an seinen ahnungslosen gleichaltrigen Freund Ernesto. ☐
d) Tatjana Schmitt lagert vorübergehend einige ihrer Kleidungsstücke bei einer Freundin. Die Freundin übereignet die Sachen der ahnungslosen Klassenkameradin Elvira; die Zahlung des Kaufpreises soll eine Woche später erfolgen. ☐

9 Stellen Sie fest, in welchen beiden der folgenden Fälle es zu einer Eigentumsübertragung gemäß den Bestimmungen des BGB kommt. ☐ ☐

Fälle

1 A schließt mit B einen Kaufvertrag über einen Computer. A leistet eine Anzahlung von 100,00 €. Beide vereinbaren, dass die Übereignung der Ware zwei Tage später gegen Zahlung des restlichen Kaufpreises stattfinden soll.
2 C schließt mit D einen Kaufvertrag über In-Ear-Kopfhörer. D zahlt den gesamten Kaufpreis. C teilt dem D mit, dass sich die Kopfhörer bei einer Freundin befinden. Diese Freundin sei bereits darüber informiert worden, dass D sich die Kopfhörer dort abholt.
3 E möchte seiner 19-jährigen Nichte ein Buch schenken. Als die Eltern der Nichte E besuchen, händigt er das Buch diesen aus und bittet sie, es ihrer Tochter zu übergeben.
4 F händigt dem G ein Paket Puderzucker aus, das G für einen Kuchen benötigt. G verspricht dem F, ein anderes Paket Puderzucker der entsprechenden Sorte am nächsten Tag zurückzugeben.
5 H und I schließen einen notariell beurkundeten Kaufvertrag über ein Grundstück, in dem gleichzeitig die Auflassung erklärt wird.
6 J gibt dem K ein Fahrrad in Verwahrung. K stellt das Fahrrad seinem Bruder für ein Wochenende unentgeltlich zur Verfügung.

P **10** Beurteilen Sie die Wirksamkeit der nachstehenden Rechtsgeschäfte (A) und begründen Sie Ihre Entscheidungen (B).

Wirksamkeit

Das Rechtsgeschäft ist ...

1 von Anfang an wirksam

2 schwebend unwirksam

3 nichtig/unwirksam

Begründung

Die Person ...

4 handelt rechtswirksam im Rahmen des § 110 BGB („Taschengeldparagraf").

5 handelt rechtswirksam im Rahmen des § 107 BGB („rechtlicher Vorteil").

6 handelt rechtswirksam im Rahmen des § 112 BGB („Erwerbsbetrieb").

7 handelt rechtswirksam im Rahmen des § 113 BGB („Dienst-/Arbeitsverhältnis").

8 benötigt die Einwilligung oder Genehmigung des gesetzlichen Vertreters.

9 benötigt zwingend die Einwilligung (vorherige Zustimmung) des gesetzlichen Vertreters.

10 ist geschäftsunfähig.

11 handelt rechtswirksam im Rahmen der Regelungen zur Betreuung.

12 benötigt für das Rechtsgeschäft die Zustimmung des Betreuers.

Rechtsgeschäfte	***A***	***B***
a) Der 16-jährige Chris arbeitet mit Zustimmung seiner Eltern in einem Hotel als Aushilfskraft. Er kündigt den Arbeitsvertrag, ohne seine Eltern zu informieren.	☐	☐
b) Chris (s. o.) tritt – ebenfalls ohne Wissen seiner Eltern – eine Stelle als Aushilfskraft in einem anderen Hotel an.	☐	☐
c) Der sechsjährige Daniel tauscht einen Zeichenblock gegen Sammelbilder.	☐	☐
d) Herr Klahsen schenkt seiner fünfjährigen Enkelin in Abwesenheit ihrer Eltern 20,00 €.	☐	☐
e) Der 17-jährige Tobias arbeitet mit Zustimmung seiner Eltern als Bürobote bei der TecMac GmbH. Er kauft seinem Arbeitgeber einen gebrauchten Computer zum Preis eines Monatsgehalts ab.	☐	☐
f) Tobias (s. o.) wohnt während der Dauer seines Beschäftigungsverhältnisses mit Zustimmung seiner Eltern in einem Appartement. Er kündigt den Mietvertrag, ohne seine Eltern hierüber zu informieren.	☐	☐
g) Für den 26-jährigen Friedel K. wurde ein Betreuer (ohne Einwilligungsvorbehalt) bestellt. Friedel kauft sich für 100,00 € ein Radio.	☐	☐

11 Der 18-jährige Jens Schweiger, Auszubildender bei der Sparkasse Neustadt, bestellt auf einer Postkarte des Berufsbildungsverlags Meierhoff das Buch „Prüfungsvorbereitungskurs für Banker" (Nummer 1234). Aus Versehen trägt er die Bestellnummer 2134 (Abschlussprüfung für Mechatroniker) ein. Den Irrtum bemerkt Jens Schweiger erst, als er das Postpaket öffnet.

Welche der folgenden Aussagen zu diesem Sachverhalt ist zutreffend? ☐

Aussagen

1 Die Falschlieferung ist als nichtiges Scheingeschäft anzusehen.

2 Die Zusendung des Katalogs ist als Angebot im Sinne des BGB zu bezeichnen.

3 Durch die Öffnung des Paketes ist ein Kaufvertrag über das Buch mit der Bestellnummer 2134 zustande gekommen.

4 Jens Schweiger kann das Buch mit der Bestellnummer 2134 zurückschicken (sogenannte Täuschungsanfechtung).

5 Jens Schweiger kann durch Rücksendung des Buches den Vertrag wegen Irrtums anfechten.

12 Der 15-jährige Marc erhält von seinen Eltern zum Geburtstag 500,00 € zur freien Verfügung. Er bestellt mündlich in einer Boutique einige hochwertige Markenhosen. Als er die Hosen einige Tage später abholen möchte, stellt er fest, dass er sein Geld verloren hat. Der Händler besteht auf Abnahme der Ware. **P**

a) Welche der folgenden Aussagen ist zutreffend? ☐

Aussagen

Der Kaufvertrag ist

1 nicht wirksam, da die Bestellung nur mündlich erfolgte;
2 nicht wirksam, da die Einwilligung der Eltern für dieses außergewöhnliche Geschäft fehlt;
3 schwebend unwirksam, da Marc als beschränkt Geschäftsfähiger seine Verpflichtung nicht mehr erfüllen kann;
4 rechtswirksam, da der Kauf unter die Regelungen des „Taschengeldparagrafen“ fällt;
5 rechtswirksam aufgrund des „Taschengeldparagrafen“, jedoch durch Marcs Eltern anfechtbar.

b) Gehen Sie davon aus, dass Marc die Hosen gekauft hat. Einen Tag später stellt er an den Hosenbeinen brüchige Nähte fest.

Welche der folgenden Aussagen ist nach den Bestimmungen des BGB zutreffend? ☐

1 Es handelt sich um einen Rechtsmangel.
2 Marc hat einen vorrangigen Anspruch auf Minderung des Kaufpreises.
3 Die Boutique muss die Nähte ausbessern.
4 Marc kann die Beseitigung des Mangels oder die Lieferung mangelfreier Hosen verlangen.
5 Marc kann die Lieferung mangelfreier Hosen verlangen, hat jedoch eventuell anfallende Transportkosten zur Hälfte zu ersetzen.

13 Das BGB enthält umfangreiche Regelungen zum Widerrufsrecht bei Verbraucherverträgen.

a) Welche der nachstehenden Aussagen zum Widerrufsrecht eines Verbrauchers gemäß § 312 g BGB ist zutreffend? ☐

1 Das Widerrufsrecht gilt nur bei Kaufverträgen, die über das Internet oder über andere telekommunikative Medien geschlossen werden.
2 Die Widerrufserklärung ist in Schriftform abzugeben.
3 Ein Widerruf kann auch durch Rücksendung der Ware erfolgen.
4 Das Widerrufsrecht gilt nicht für Bagatellgeschäfte im Wert von bis zu 40,00 €.
5 Die Widerrufsfrist beträgt 14 Tage, soweit nichts anders bestimmt ist.

b) Welche der nachstehenden Aussagen zum Widerrufsrecht bei Darlehensverträgen mit Verbrauchern ist zutreffend? ☐

1 Bei Verbraucherdarlehensverträgen im Zusammenhang mit Immobilienfinanzierungen gilt eine Widerrufsfrist von zwölf Monaten und 14 Tagen.
2 Falls ein Verbraucher dauerhaft sein laufendes Konto überzieht, sind Banken zu einer Beratung des Kunden verpflichtet. Geschieht diese nicht, hat der Verbraucher ein Widerrufsrecht.
3 Bei sogenannten Null-Prozent-Finanzierungen (zinslose Darlehen) besteht kein Widerrufsrecht des Verbrauchers.
4 Bei Darlehen in Fremdwährung haben Verbraucher ein uneingeschränktes Widerrufsrecht, sofern sich die Rückzahlungssumme aufgrund von Wechselkursänderungen erhöht.
5 Kreditinstitute sind zur Kreditwürdigkeitsprüfung verpflichtet. Erfolgt diese nicht, hat der Verbraucher ein außerordentliches Widerrufsrecht.

P **14** Entscheiden Sie in den nachstehenden Fällen, ob bzw. in welche der folgenden Register die nachstehenden Sachverhalte einzutragen sind.

Es ist ...

1 eine Eintragung in das Handelsregister,
2 eine Eintragung in das Genossenschaftsregister,
3 eine Eintragung in das Güterrechtsregister,
4 eine Eintragung in das Grundbuch,
5 eine Eintragung in das Partnerschaftsregister,
6 keine Eintragung in eines der o. g. Register
vorzunehmen.

Sachverhalte

a) Kurt Herberts und Karla Senger sind sich bei ihrer Eheschließung darüber einig, dass für sie der Güterstand der Zugewinngemeinschaft gelten soll. ☐
b) Bestellung einer Grundschuld ☐
c) Erteilung einer Prokura für die Hackl GmbH ☐
d) Erwerb eines Geschäftsanteils an der Volksbank Sinntal eG ☐
e) Erteilung einer Handlungsvollmacht für die Volksbank Kulmbachtal eG ☐
f) Kapitalerhöhung einer AG ☐
g) Gründung einer GmbH ☐
h) Aufnahme des Steuerberaters Michael Klein in die Sozietät Hecker & Söhne ☐

15 Kennzeichnen Sie die nachstehenden Sachverhalte.

1 Es wird eine Eintragung in Abteilung A des Handelsregisters vorgenommen; diese Eintragung hat konstitutive Wirkung.
2 Es wird eine Eintragung in Abteilung A des Handelsregisters vorgenommen; diese Eintragung hat deklaratorische Wirkung.
3 Es wird eine Eintragung in Abteilung B des Handelsregisters vorgenommen; diese Eintragung hat konstitutive Wirkung.
4 Es wird eine Eintragung in Abteilung B des Handelsregisters vorgenommen; diese Eintragung hat deklaratorische Wirkung.
5 Eine Eintragung ins Handelsregister findet nicht statt.

Sachverhalte

a) Eintragung einer Prokura; die betroffene Person ist Angestellter der Seidel GmbH ☐
b) Eintragung der Textilgroßhandlung Hansjörg Kullmann, eingetragener Kaufmann ☐
c) Eintragung der Firma Wertpapiermanagement GmbH ☐
d) Eintragung der Möbelhandlung Sebastian Pohle KG nach Aufnahme der Geschäfte ☐
e) Eintragung der Rechtsanwälte Dr. Wohlers und Partner ☐
f) Eintragung neuer Vorstandsmitglieder der Raiffeisenbank Hungstadt eG ☐

16 In einer Papiergroßhandlung in der Rechtsform der KG sind einzelvertretungsberechtigt der Komplementär, ein Prokurist und ein Handlungsbevollmächtigter ohne besondere Befugnisse.

Stellen Sie fest, ob die folgenden Rechtsgeschäfte

1 nur der Komplementär,
2 sowohl der Komplementär als auch der Prokurist,
3 jeder genannte Vertretungsberechtigte
im Außenverhältnis rechtswirksam abschließen kann.

Rechtsgeschäfte

a) Kauf von 100 000 Blatt Schreibmaschinenpapier ☐
b) Anlage eines Teils der Unternehmensrücklagen in Aktien ☐
c) Aufnahme eines Darlehens über 500 000,00 € ☐

d) Veräußerung der Handelsunternehmung
e) Erteilung einer Einkaufsvollmacht (Artvollmacht) an einen Angestellten
f) Unterzeichnung der Bilanz

P

17 Welche beiden der folgenden Vorgänge führen nicht zu einer Handelsregister-Eintragung?

Vorgänge

1 Ernennung eines Prokuristen für die Firma Kurt Müller e. K., Dekorationsbedarf
2 Ausscheiden eines Kommanditisten aus der Gelderland KG
3 Liquidation der Com.Com GmbH und Erlöschen der Gesellschaft
4 Ernennung eines Handlungsbevollmächtigten für die Klausner KGaA
5 Kapitalerhöhung bei der Langenforst AG
6 Ernennung eines Vorstandsmitglieds für die Volksbank Kesselstein eG

18 Stellen Sie fest, auf welche der folgenden Unternehmensformen sich die nachstehenden Aussagen beziehen.

Unternehmensformen

1 Einzelunternehmen
2 oHG
3 KG
4 GmbH
5 AG

Tragen Sie eine **6** ein, wenn eine Zuordnung nicht möglich ist.

Aussagen

a) Das Unternehmen wird durch den Vorstand vertreten.
b) Die Mindesthöhe für das Stammkapital beträgt grundsätzlich 25000,00 €.
c) Jeder Gesellschafter ist grundsätzlich zur Vertretung der Gesellschaft ermächtigt.
d) Bei dieser Kapitalgesellschaft haftet mindestens eine Person auch mit ihrem Privatvermögen für die Verbindlichkeiten des Unternehmens.
e) Es handelt sich um eine juristische Person des öffentlichen Rechts.
f) Prokuristen werden durch die Gesellschafter bestellt.
g) Das Unternehmen wird in keinem Fall ins Handelsregister eingetragen.
h) Es handelt sich weder um eine juristische noch um eine „quasi-juristische" Person.

19 Bei der Baustoffhandlung Werkes KG sind folgende Personen als Einzelvertretungsberechtigte im Handelsregister eingetragen:

- Komplementär Hans Werkes
- Prokuristin Sabine Glaser

Allgemeine Handlungsvollmacht mit Einzelzeichnungsberechtigung besteht für Herrn Georg Rapp. Die Befugnisse von Herrn Rapp und Frau Glaser bestehen im normalen (nicht erweiterten) gesetzlichen Umfang.

Stellen Sie fest, welche der o. g. Personen gemäß dem HGB die folgenden Geschäfte rechtswirksam abschließen kann/können: Das Geschäft kann abgeschlossen werden

1 nur von Hans Werkes;
2 von Hans Werkes und Sabine Glaser jeweils einzeln;
3 von allen genannten Personen jeweils einzeln.

Tragen Sie eine **4** ein, wenn das Geschäft von keiner der genannten Personen allein abgeschlossen werden kann.

Geschäfte

a) Kauf von Baustoffen im Wert von 20000,00 €
b) Unterzeichnung der Jahresbilanz
c) Aufnahme eines Investitionskredites in Höhe von 150000,00 €
d) Bestellung einer Grundschuld für den in c) genannten Kredit

K

2.2 Konventionelle Aufgaben

1 Die unter Betreuung im Bereich der Gesundheitsfürsorge (mit Einwilligungsvorbehalt) stehende 19-jährige Sara Weber und der 20-jährige Philipp Kern möchten heiraten. Saras Betreuer ist mit ihrer Entscheidung nicht einverstanden. Kann Sara ohne Zustimmung ihres Betreuers heiraten?
(Begründen Sie Ihre Entscheidung.)

2 Der 15-jährige Tim Hellmann erhält von seinen Eltern ein Taschengeld in Höhe von 20,00 € pro Monat. Nachdem sein Vater ihm einen 20-Euro-Schein für den Monat Juni ausgehändigt hat, geht Tim in eine Buchhandlung und bestellt dort ein Fachbuch zum Preis von 19,90 €. Als der Händler ihm einen Tag später das Buch aushändigen will, stellt Tim fest, dass er den 20-Euro-Schein verloren hat. Er bedauert den Vorfall und möchte den Laden verlassen. Der Buchhändler besteht jedoch auf Zahlung des Kaufpreises. Beurteilen Sie die Rechtslage.

3 Entscheiden Sie in den folgenden Fällen jeweils, ob das geschilderte Rechtsgeschäft wirksam, schwebend unwirksam oder unwirksam ist und begründen Sie Ihre Entscheidung.

Fälle

a) Der sechsjährige Marco kauft sich eine Kinder Kamera. Das Geld wurde ihm von seinem Patenonkel mit Zustimmung der Eltern überlassen.
b) Der 17-jährige Auszubildende Sando Schmidt mietet zwei Zimmer bei Frau Emma Pahl. Frau Pahl berechnet nur einen Mietpreis von 3,00 € pro Quadratmeter.
c) Die 16-jährige Bankauszubildende Jessica Sellmann erteilt ihrem Kreditinstitut den Auftrag zum Kauf von Telekom-Aktien im Kurswert von ca. 900,00 € zulasten ihres laufenden Kontos. Dieses weist einen Saldo von 350,00 € Haben aus.
d) Jessica Sellmann (siehe c) kündigt ohne Wissen ihrer Eltern das Ausbildungsverhältnis, da sie einen anderen Beruf erlernen möchte.

4 Der 24-jährige Bankangestellte Paul Huber begegnet nach einer ausgedehnten Zechtour durch die Düsseldorfer Altstadt seiner Vermieterin im Hausflur und kündigt seine Wohnung. Am nächsten Tag spricht die Vermieterin ihn auf seine nächtliche Willenserklärung an. Huber ist entsetzt.

a) Hat Huber wirksam gekündigt?
b) War Huber zum Zeitpunkt der Willenserklärung voll geschäftsfähig?

Begründen Sie jeweils Ihre Auffassung.

5 A kauft im Trödelladen des M eine antike Brosche zum Preis von 1 500,00 €. A und M schließen einen schriftlichen Kaufvertrag. Eine Übereignung findet nicht statt. A leistet eine Anzahlung von 100,00 €. Er kündigt an, sofort zu einer Bank zu gehen, um sich die restlichen 1 400,00 € zu besorgen. M legt die Brosche so lange beiseite. Während A noch unterwegs ist, betritt der Sammler S den Laden. Er sieht die Brosche und ist von ihr so begeistert, dass er dem M einen Kaufpreis von 2 000,00 € anbietet. M willigt sofort ein und händigt dem S die Brosche gegen Zahlung per Electronic-Cash-Verfahren aus. S heftet die Brosche an seine Jacke und verlässt den Laden. Im Hinausgehen trifft er den A, der fassungslos auf die Brosche starrt und sagt: „Halt! Diese Brosche gehört mir."

a) Beurteilen Sie die Wirksamkeit
   aa) des Kaufvertrages zwischen M und A,
   ab) des Kaufvertrages zwischen M und S.
b) Hat A einen Anspruch auf Herausgabe der Brosche
   ba) gegenüber M,
   bb) gegenüber S?
c) Nehmen Sie begründet zu der Frage Stellung, ob der Begriff „gutgläubiger Eigentumserwerb" in diesem Fall anwendbar ist.

6 Der volljährige Tom Töller kauft bei dem Fahrradhändler Ambrosius Müller ein Fahrrad unter Eigentumsvorbehalt. Der Kaufpreis ist in 10 Raten zahlbar. Tom Töller nimmt das Fahrrad sofort mit. **K**

a) Wer ist Eigentümer des Fahrrades nach Zahlung der ersten Rate?
b) Nach Zahlung der letzten Rate verleiht Tom Töller das Fahrrad an den 16-jährigen Yunus Platz. Wer ist jetzt mittelbarer Besitzer des Fahrrades?
c) Yunus Platz verkauft das Fahrrad an den volljährigen Klaus Keller, der nicht weiß, dass Yunus Platz das Fahrrad geliehen hatte. Yunus Platz verspricht, das Fahrrad am nächsten Tag zu übergeben, und erhält sogleich den Kaufpreis. Wer ist jetzt Eigentümer des Fahrrades?
d) Am nächsten Tag wird das Fahrrad vereinbarungsgemäß an Klaus Keller übergeben. Als Tom Töller einige Zeit später das Fahrrad zufällig bei Klaus Keller sieht, verlangt er die Herausgabe des Fahrrades. Mit Recht? Begründen Sie Ihre Auffassung.

7 Entscheiden Sie bei den nachfolgenden Fällen, um welche Vertragsart es sich handelt.

a) Die Azubis Ferenc, Luca und Finn beschließen, eine gemeinsame Ferienreise nach Griechenland zu unternehmen.
b) Ferenc lässt vor Reiseantritt bei dem Autohaus Melzer KG einen Austauschmotor in seinen alten Käfer einbauen.
c) Finn lässt sich vor Reiseantritt bei seinem Zahnarzt einen eitrigen Weisheitszahn ziehen.
d) Luca bringt seinen Wellensittich Oskar zu seiner Freundin Clara, um sie zu bitten, während seiner Abwesenheit für Oskar zu sorgen.
e) Ferenc borgt sich für die Reise bei seiner Nachbarin fünf Packungen Spaghetti und einen Gaskocher. Die Nachbarin erhebt lediglich Anspruch auf Rückgabe des Gaskochers.
f) Luca wird von seiner Bank ein Safe überlassen, damit er darin seine Briefmarkensammlung einschließen kann.

8 Entscheiden Sie in den nachfolgenden Fällen, in welcher Weise die Eigentumsübertragung vollzogen wird.

a) Ein Kunde kauft bei seinem Kreditinstitut einen Maria-Theresien-Taler, den er seiner Enkelin zu Ostern schenken möchte.
b) Ein Kunstmäzen verkauft eine Beuys-Plastik an einen Sammler; das Kunstwerk hängt als Leihgabe in einem Museum.
c) Ein Auszubildender übergibt einen alten VW-Käfer zu Reparaturzwecken an einen Kfz-Mechaniker, dieser möchte das Auto erwerben, da er an einer Oldtimer-Rallye teilnehmen will.
d) Ein Not leidender Lehrer verkauft seinen Pkw an eine Leasinggesellschaft. Es wird vereinbart, dass der Lehrer gegen Entgelt das Fahrzeug weiterbenutzen darf.

9 Kurt Meyers und Egon Schwartz schließen einen Kaufvertrag über eine Büchersammlung. Schwartz leistet eine Anzahlung von 100,00 €; die Übereignung soll eine Woche später gegen Zahlung des Restkaufpreises erfolgen. Nach Ablauf von drei Tagen verkauft Meyers die Büchersammlung erneut an Hans Webber. Meyers übergibt die Bücher an Webber, der von dem ersten Kaufvertrag nichts weiß, und erhält im Gegenzug den vollen Kaufpreis.

Kann Schwartz von Webber die Herausgabe der Bücher verlangen?
(Begründen Sie Ihre Auffassung.)

K **10** Stellen Sie fest, auf welche Rechtsform/welche Rechtsformen sich die folgenden Aussagen jeweils beziehen.

a) Im Handelsregister ist als Firma eingetragen: Sesselayer e. K.
b) Das Unternehmen ist in Abt. A des Handelsregisters eingetragen. Nicht alle Gesellschafter haften mit ihrem Privatvermögen.
c) Das Unternehmen wird durch eine Geschäftsführerin geleitet.
d) Es handelt sich um eine juristische Person des privaten Rechts.
e) Es handelt sich um eine namensrechtsfähige Gesellschaft, die jedoch keine Firma darstellt.

11 Aufgrund der Handelsregistereintragung vom 14. Mai 20.. wurde die Firma Hansen KG (Komplementäre Philipp Hansen und Sarah Hansen, Kommanditisten Richard Hansen und Pieter Kernig) in „Hansen GmbH und Co. KG" umgewandelt.

a) Beschreiben Sie die Auswirkungen dieser Umwandlung auf die persönlich haftenden Gesellschafter.
b) Welche Person/-en vertritt/vertreten die Hansen GmbH und Co. KG?

12 a) Unterscheiden Sie die Begriffe „Öffentlichkeit des Handelsregisters" und „Publizität des Handelsregisters".
b) Dem Prokuristen Roll bei der Bau-AG wurde die Prokura entzogen. Die AG versäumt es, den Entzug der Prokura ins Handelsregister eintragen zu lassen. Außerdem unterbleibt die Veröffentlichung des Entzuges. Wie ist die Rechtslage, wenn Roll weiterhin im Namen der AG Geschäfte abschließt?

13 Stellen Sie fest, ob die folgenden Firmenbezeichnungen zulässig sind, und begründen Sie Ihre Entscheidung.

a) Müller KG (Vollhafter ist Müller, Teilhafter ist Meier)
b) Mahler KG (Vollhafter ist die Mahler GmbH, Teilhafter ist Berg)
c) Mispel oHG (Gesellschafter sind Bernd Mitter und Uwe Spelters)

14 Die alleinige Gesellschafterin und Geschäftsführerin der Mode GmbH bestellt Frau Forsch zur Prokuristin. Gemäß Arbeitsvertrag darf Frau Forsch keine Einkäufe über einem Betrag von 30000,00 € tätigen. Frau Forsch bestellt für ihr neues Büro Einrichtungsgegenstände im Gesamtwert von 44000,00 € bei der Sofa-GmbH. Als Frau Mode von diesem Vertrag hört, erklärt sie den Vertrag für nichtig. Prüfen Sie, ob der Vertrag zwischen Frau Forsch und der Sofa-GmbH für die Mode GmbH rechtsverbindlich ist.

15 Bludau, Reck und Gipps gründen eine oHG (Handel mit Oberbekleidung). Bludau und Reck bringen je 20000,00 € in bar, Gipps Waren im Wert von 80000,00 € in die oHG ein. Außerdem wird für die oHG beim Bankhaus Salm ein Kredit von 70000,00 € aufgenommen.

a) Nennen Sie drei Möglichkeiten für die Firmenbezeichnung der oHG.
b) Wem steht das Vermögen der oHG zu?

Im ersten Geschäftsjahr erwirtschaftet die oHG einen Gewinn von 32400,00 €.

c) Ermitteln Sie den Gewinnanteil für Bludau. Es gelten die nachstehend auszugsweise abgedruckten Regelungen aus dem Gesellschaftsvertrag.

K

Gewinnverteilung

(1) Von dem Jahresgewinn gebührt jedem Gesellschafter zunächst ein Anteil in Höhe von vier vom Hundert seines Kapitalanteils. Reicht der Jahresgewinn hierzu nicht aus, so bestimmen sich die Anteile nach einem entsprechend niedrigeren Satz.

(2) Derjenige Teil des Jahresgewinns, welcher die nach Absatz 1 ermittelten Gewinnanteile übersteigt, sowie der Verlust eines Geschäftsjahrs wird unter die Gesellschafter nach Köpfen verteilt.

16 Beurteilen Sie folgende Aussage:

„Ich habe zehn Aktien von VW und hafte daher für die Schulden von VW mit."

17 Frau Meise und Herr König wollen eine Kommanditgesellschaft gründen. Frau Meise will sich verpflichten, eine Einlage von 50 000,00 € zu übernehmen. Herr König soll eine Einlage von 100 000,00 € leisten. Frau Meise soll Komplementärin werden. Die Kapitaleinlagen werden zu 50 % eingezahlt.

a) Wie kann die Firma lauten? (Unterbreiten Sie zwei Vorschläge.)
b) Nach sieben Monaten gerät die KG in Zahlungsschwierigkeiten. Könnte ein Gläubiger von Herrn König die Zahlung der Geldschuld verlangen?

18 Rudolf Nacken beteiligt sich als Kommanditist an einer KG mit einer Einlage in Höhe von 20 000,00 €. Die Einlage wird zu 40 % geleistet.

a) Erläutern Sie Herrn Nackens Haftung gegenüber den Gläubigern der KG.
b) Ergäben sich Unterschiede, wenn Herr Nacken sich – unter sonst gleichen Annahmen – an einer GmbH statt einer KG beteiligen würde? (Begründen Sie Ihre Auffassung.)

19 Beurteilen Sie die folgenden Aussagen zur Handlungsvollmacht. Stellen Sie fest, ob die Aussagen richtig oder falsch sind. Identifizieren Sie jeweils den Fehler bei einer falschen Aussage. Es gelten die Bestimmungen des HGB.

Aussagen

a) Dem Handlungsbevollmächtigten sind gewöhnliche Geschäfte des betreffenden Handelsgewerbes, nicht aber außergewöhnliche Geschäfte erlaubt, während die Aufnahme von Darlehen und das Eingehen von Wechselverbindlichkeiten sowie persönliche Handlungen des Unternehmers ihm nur mit zusätzlicher besonderer Vollmacht erlaubt sind.
b) Dem Handlungsbevollmächtigten sind gewöhnliche Geschäfte des betreffenden Handelsgewerbes, nicht aber außergewöhnliche Geschäfte erlaubt, während die Aufnahme von Darlehen und das Eingehen von Wechselverbindlichkeiten ihm nur mit zusätzlicher besonderer Vollmacht und persönliche Handlungen des Unternehmers sowie die Veräußerung und Belastung von Grundstücken ihm nicht erlaubt sind.
c) Der Handlungsbevollmächtigte benötigt nur für die Veräußerung und Belastung von Grundstücken eine zusätzliche besondere Vollmacht.
d) Der Handlungsbevollmächtigte benötigt zur Aufnahme von Darlehen und zur Eingehung von Wechselverbindlichkeiten eine zusätzliche besondere Vollmacht, während ihm gewöhnliche Geschäfte des betreffenden Handelsgewerbes erlaubt und außergewöhnliche Geschäfte nicht erlaubt sind.

K **20** Beurteilen Sie die folgenden Aussagen zur Prokura. Stellen Sie fest, ob die Aussagen richtig oder falsch sind. Identifizieren Sie jeweils den Fehler bei einer falschen Aussage. Es gelten die Bestimmungen des HGB.

Aussagen

a) Dem Prokuristen sind sämtliche gewöhnlichen Geschäfte des betreffenden Handelsgewerbes, sämtliche außergewöhnlichen Geschäfte, die Aufnahme von Darlehen und das Eingehen von Wechselverbindlichkeiten erlaubt; persönliche Handlungen des Unternehmers sowie die Veräußerung und Belastung von Grundstücken sind ihm nur mit zusätzlicher besonderer Vollmacht erlaubt.
b) Dem Prokuristen sind sämtliche gewöhnlichen Geschäfte des betreffenden Handelsgewerbes, sämtliche außergewöhnlichen Geschäfte, die Aufnahme von Darlehen, das Eingehen von Wechselverbindlichkeiten und die Veräußerung und Belastung von Grundstücken erlaubt; persönliche Handlungen des Unternehmers sind ihm nicht erlaubt.
c) Dem Prokuristen sind sämtliche gewöhnlichen Geschäfte des betreffenden Handelsgewerbes, sämtliche außergewöhnlichen Geschäfte, die Aufnahme von Darlehen, das Eingehen von Wechselverbindlichkeiten und der Kauf von Grundstücken erlaubt; persönliche Handlungen des Unternehmers sind ihm nicht erlaubt.
d) Dem Prokuristen sind sämtliche gewöhnlichen Geschäfte des betreffenden Handelsgewerbes und sämtliche außergewöhnlichen Geschäfte mit Ausnahme der Aufnahme von Darlehen und des Eingehens von Wechselverbindlichkeiten erlaubt; persönliche Handlungen des Unternehmers und die Veräußerung und Belastung von Grundstücken sind ihm nur mit zusätzlicher besonderer Vollmacht erlaubt.

2.3 Fallaufgaben

F

1 Die Filiale „Altstadt“ der Rheinbank AG wurde komplett renoviert. Im Zuge der Renovierung sind die bereits abgeschriebenen Büromöbel des Filialleiters und Einzelprokuristen der Filiale, Ernst Faller, gegen neue Ware ausgetauscht und in einem Kellerraum der Bank gelagert worden. Herr Faller spricht einen Kunden der Filiale, den Geschäftsführer der „Verwertungs-GmbH“, Herrn Krell, an, der bereit ist, die alten Möbel für einen Preis von 266,80 € zu erwerben. Die beiden einigen sich per Handschlag.

§ 48 ff. HGB

a) Prüfen Sie, ob Herr Faller berechtigt ist, die Möbel für Rechnung seines Bankhauses zu verkaufen.

b) Ist – unabhängig von der in a) angesprochenen Problematik – ein wirksamer Kaufvertrag zustande gekommen? (Begründen Sie Ihre Entscheidung.)

REWE-Lehrbuch

c) Stellen Sie fest, ob bei dem Verkauf Mehrwertsteuer in Rechnung gestellt wird. (Begründen Sie Ihre Entscheidung.)

REWE-Lehrbuch

d) Unter welcher GuV-Position ist der beim Verkauf entstehende Ertrag auszuweisen?

Gehen Sie davon aus, dass ein wirksames Rechtsgeschäft zustande gekommen ist. Die Möbel werden an Herrn Krell übereignet. Herr Krell leistet eine Anzahlung und vereinbart mit Herrn Faller, dass die Möbel zwei Tage später abgeholt werden sollen.

§ 929 ff. BGB

e) Erläutern Sie, ob das Eigentum an den Möbeln auf Herrn Krell bereits vor Abholung der Möbel übergegangen ist.

Am Tag vor der geplanten Abholung teilt Herr Krell dem Prokuristen Faller telefonisch mit, dass er bereits einen Interessenten für die Möbel gefunden habe. Er bittet Faller, dem Interessenten eine Möglichkeit zu geben, die Möbel im Kellerraum der Bank zu besichtigen. Faller ist damit einverstanden.

§ 929 ff. BGB

f) Erläutern Sie, auf welche Weise es auch ohne weiteren Transport möglich wäre, dem Interessenten das Eigentum an den Möbeln zu verschaffen, falls dieser die Möbel kaufen möchte.

F **2** Bei der Eifelbank AG soll am 03.02.20.. ein Konto für die Grossmann KG eröffnet werden. Im Handelsregister sind bei der KG folgende Personen eingetragen:

- Komplementär Kurt Grossmann
- Komplementär Egon Grossmann
- Kommanditist Peter Berger
- Einzelprokuristin Janine Celler

§§124 u. 161 HGB

a) Ist Kurt Grossmann berechtigt, den Kontoeröffnungsantrag allein zu unterschreiben?
(Begründen Sie Ihre Auffassung.)

b) Unter welchem Namen ist das Konto zu führen?

Die Verfügung über das Konto soll so gehandhabt werden, wie es sich aus dem HGB bzw. den Handelsregistereintragungen ergibt.

§§ 54, 124, 161, 170 HGB

c) Stellen Sie bei jeder der o. g. Personen fest, ob die Person demnach verfügungsberechtigt ist bzw. ob eine einzelne oder gemeinsame Verfügungsberechtigung mit einer anderen Person besteht.

Als weitere verfügungsberechtigte Person soll Herr Björn Warner zeichnungsberechtigt sein. Herr Warner hat allgemeine Handlungsvollmacht ohne besondere Befugnisse.

§ 54 (2) HGB

d) Was bedeutet der Zusatz „ohne besondere Befugnisse" für die Kontoführung, wenn der KG ein KK-Kredit von 10000,00 € eingeräumt würde?

Gehen Sie davon aus, dass das Konto ordnungsgemäß eingerichtet wurde. Am 07.04. teilt Kurt Grossmann der Eifelbank mit, dass Frau Celler bereits im März als Prokuristin ausgeschieden ist. Die Löschung der Prokura sei ordnungsgemäß am 16.03. in das Handelsregister eingetragen und veröffentlicht worden. Frau Celler habe jedoch noch danach widerrechtlich über das Firmenkonto verfügt. Herr Grossmann ist der Auffassung, dass die Eifelbank für einen hieraus eventuell entstehenden Schaden haftbar sei.

§ 15 HGB; Ziffer 11 AGB-Banken

e) Nehmen Sie hierzu Stellung.

Die Geschäftslage entwickelt sich im weiteren Verlauf des Jahres negativ. Der KK-Kredit wird dauerhaft mit ca. 20000,00 € in Anspruch genommen. Der Vorstand der Eifelbank AG erwägt die Kündigung ihrer Geschäftsbeziehung zu der KG.

§§ 161, 171 HGB

f) Erläutern Sie, ob bzw. inwieweit die Herren Grossmann und Berger für die Verbindlichkeit aus dem KK-Kredit haften.
(Hinweis: Alle Einlagen wurden in voller Höhe geleistet.)

3 Frau Karla Weichert bittet die Südbank AG um Eröffnung eines laufenden Kontos für ihren Bruder Kurt Marker. Sie legt ihren gültigen Personalausweis und die nachstehend abgebildete Urkunde vor. **F**

Geschäftsnummer 123456 **Bestellung** Name: *Karla Weichert* Geburtsdatum: 22.06.1965 ist ☐ als Mitarbeiterin des Vereins ____________________ ☒ als Angehörige zur/~~zum~~ Betreuer/-in für *Kurt Marker* geboren am 25.04.1960 bestellt.	*Der Aufgabenkreis umfasst:* ☒ Gesundheitsfürsorge ☒ Bestimmung des Aufenthalts ☐ ~~Wohnungsangelegenheiten~~ ☒ Vermögensangelegenheiten ☐ ~~Rentenangelegenheiten~~ ☐ ~~Sozialhilfeangelegenheiten~~ ☐ ~~Folgende Willenserklärungen der/des Betroffenen bedürfen der Einwilligung der Betreuerin/des Betreuers.~~

§ 1814 ff. BGB

a) Ist zur Kontoeröffnung zusätzlich die Willenserklärung des Herrn Marker erforderlich? (Begründen Sie Ihre Auffassung.)

Gehen Sie davon aus, dass ein Konto für Herrn Marker eingerichtet wird. Nachdem das Kontoguthaben auf 2500,00 € angewachsen ist, bittet Frau Weichert die Südbank um Eingabe einer Verfügungsbeschränkung. Da Herr Marker aufgrund einer psychischen Erkrankung mit größeren Geldbeträgen nicht umgehen könne, sei ihm nur die Verfügung von Beträgen bis zu 50,00 € täglich zu gestatten.

b) Nehmen Sie zu diesem Wunsch Stellung.

Nach einigen Wochen befindet sich ein Guthaben von ca. 4000,00 € auf dem Konto. Frau Weichert fragt den Filialleiter der Südbank, ob es möglich sei, folgende Wertpapieraufträge für Rechnung des Herrn Marker zu erteilen:

- Anlage von 2 000,00 € auf einem Festgeldkonto bei der Südbank AG
- Kauf von ETF auf den MSCI World Index

§§ 1821 ff. und 1841 ff. BGB

c) Beraten Sie Frau Weichert.

Bei der Kontoabrechnung zum nächsten Quartal ist Herr Marker sehr verärgert über die in Rechnung gestellten Kontoführungsgebühren. Er verlangt eine Auflösung der Kontoverbindung.

d) Hat die Südbank diesem Verlangen Rechnung zu tragen? (Begründen Sie Ihre Auffassung.)
e) Unterbreiten Sie einen Vorschlag für eine Vorgehensweise zur Lösung des Problems einer eventuellen Kontoauflösung.

Lernfeld 6: Marktmodelle anwenden

1 Grundlagen des Wirtschaftens

P

1.1 Programmierte Aufgaben

1 Kennzeichnen Sie die folgenden Güter/Dienstleistungen mit den Begriffen

1 Sachgut als Produktions- und Verbrauchsgut,
2 Sachgut als Produktions- und Gebrauchsgut,
3 Sachgut als Konsum- und Verbrauchsgut,
4 Sachgut als Konsum- und Gebrauchsgut,
5 Dienstleistung als Produktionsgut,
6 Dienstleistung als Konsumgut.

Güter/Dienstleistungen

a) Kreditgewährung der Girobank an die Firma Behler e. K. ☐
b) Wohnzimmerschrank der Familie Meier ☐
c) Gutschrift eines Schecks zugunsten Konto 1234 (Kontoinhaber: Firma Fritz Meier e. K.) durch die Girobank ☐
d) Schmierstoffe für die Maschinen der Stahlbau AG ☐
e) Bohrmaschine in der Reparaturabteilung der Maschinen GmbH ☐
f) Ankauf eines Wechsels der Stahlbau AG durch die Girobank ☐
g) Füllfederhalter im Haushalt der Familie Meier ☐
h) Tinte für den Füllfederhalter der Familie Meier ☐
i) Videoanlage im Schulungsraum der Maschinen GmbH ☐

2 Werten Sie die nachstehende Übersicht für statistische Zwecke Ihres Kreditinstitutes aus.

a) Welche der folgenden Aussagen trifft auf die Übersicht zu? ☐

1 Die Übersicht basiert auf einer Umfrage der Bundesregierung.
2 Es handelt sich um statistische Angaben zu Produktionsgütern.
3 Die Übersicht enthält sowohl Gebrauchs- als auch Verbrauchsgüter.
4 Es liegen Daten aller privaten Haushalte zugrunde.
5 In der Übersicht sind auch freie Güter enthalten.

b) Ermitteln Sie den prozentualen Anteil der Personen, die ihren Konsum nicht einschränken möchten (auf glatte Personenzahl abrunden). Personen ☐☐☐ **P**

3 Bei welchem der folgenden Sachverhalte wird das Maximalprinzip korrekt beschrieben? ☐

1 Ein Unternehmen möchte ein möglichst hohes Produktionsergebnis mit möglichst geringen Kosten erwirtschaften.

2 Ein Angestellter der Regio-Bank AG möchte sich einen neuen Heimtrainer zulegen; nach einer Recherche auf einem Vergleichsportal entscheidet er sich für das Produkt mit der besten Qualität.

3 Ein Auszubildender strebt in der Abschlussprüfung die für ihn optimale Gesamtnote „befriedigend" an und möchte diese mit möglichst geringem Lernaufwand erreichen.

4 Ein Anleger möchte einen Betrag, den er aus einer Erbschaft erhalten hat, möglichst sicher anlegen. Er lässt sich von verschiedenen Kreditinstituten beraten und entscheidet sich für eine Bank, die ihm die meisten Anlagealternativen unterbreitet.

5 Ein Autofahrer möchte mit einer Tankfüllung eine möglichst weite Strecke bewältigen.

4 Ermitteln Sie mithilfe der nachstehend abgebildeten Arbeitsmarktstatistik

a) die Zahl der Erwerbspersonen im Mai des laufenden Jahres (in Mio. Personen), Mio. ☐☐,☐☐☐

b) den prozentualen Anteil der Beschäftigten im Bauhauptgewerbe an der Zahl der Erwerbspersonen im Mai des laufenden Jahres (auf eine Stelle nach dem Komma runden), % ☐,☐

c) die Zahl der selbstständigen Erwerbstätigen im Mai des laufenden Jahres (in Mio. Personen). Mio. ☐,☐☐☐

Hinweis: Erwerbspersonen = Erwerbspersonen(-potenzial) ohne „stille Reserve".

Zeit		Erwerbstätige Tsd.	Erwerbstätige Veränderung gegen Vorjahr %	Erwerbstätige Veränderung gegen Vorjahr Tsd.	Arbeitnehmer Tsd.	Arbeitnehmer Veränderung gegen Vorjahr %	Beschäftigte Bergbau und verarbeitendes Gewerbe Tsd.	Beschäftigte Bauhauptgewerbe Tsd.	Kurzarbeiter Tsd.	Beschäftigte in beschäftigungschaffenden Maßnahmen Tsd.	Personen in beruflicher Weiterbildung Tsd.	Arbeitslose Tsd.	Arbeitslose Veränderung gegen Vorjahr Tsd.	Arbeitslosenquote %	Offene Stellen Tsd.
		Deutschland													
Vorjahr	Juli	40214	−0,2	−78			5094	716	1236	13	213	3462	+252	8,2	298
	Aug.	40271	−0,2	−77	35925	−0,2	5090	723	1050	11	201	3472	+276	8,3	300
	Sept.	40554	−0,3	−103			5099	726	1074	9	218	3346	+266	8,0	302
	Okt.	40684	−0,4	−159			5074	717	1084	7	231	3229	+232	7,7	298
	Nov.	40663	−0,3	−136	36178	−0,4	5059	714	976	6	234	3215	+227	7,6	291
	Dez.	40490	−0,2	−68			5035	701	890	5	226	3276	+173	7,8	281
laufendes Jahr	Jan.	39832	−0,2	−88			4971	673	1009	4	207	3617	+129	8,6	271
	Febr.	39816	−0,3	−100	35438	−0,4	4971	667	961	4	206	3643	+91	8,7	298
	März	39920	−0,1	−56			4968	680	830	4	211	3568	−18	8,5	320
	April	40127	0,0	+13			4965	694	...	3	215	3406	−178	8,1	335
	Mai	40279	+0,2	+79	35814	+0,1	4965	699	...	3	212	3242	−217	7,7	355
	Juni	40368	+0,3	+124			4976	...	...	3	208	3153	−257	7,5	370
	Juli	...	...	...	...	...	...	...	...	3	192	3192	−271	7,6	391

Quelle: eigene Darstellung, Zahlen gemäß Deutscher Bundesbank

P

d) Welche der folgenden Personen gehört in Deutschland nicht zur Grundgesamtheit der Erwerbspersonen? ☐

Personen

1 Gerda Müllers, Prokuristin der Stenzer GmbH
2 Enno Berg, zurzeit arbeitsuchend gemeldeter Bankkaufmann
3 Jessica Zenner, Gesellschafterin der Globus OHG
4 Markus Hanns, zurzeit Umschüler zum technischen Redakteur
5 Georg Blume, Teilnehmer im vollzeitschulischen Bildungsgang „Kaufmännische Assistenten" am Berufskolleg Nordstadt

5 In einem Land wurden in den Jahren 2023 und 2024 folgende Werte (Angaben in Tausend) ermittelt:

	2023	**2024**
Erwerbstätige	33927	36113
Arbeitslose	4387	4099
Kurzarbeitende	183	119
Offene Stellen	338	456

Bei den folgenden Aufgaben bitte ungerade Ergebnisse auf eine Stelle nach dem Komma runden.

a) Ermitteln Sie die Arbeitslosenquote für das Jahr 2024. (Arbeitslose in Prozent der Erwerbspersonen) % ☐☐,☐

b) Stellen Sie fest, um wie viele Prozentpunkte die Arbeitslosenquote 2024 gegenüber 2023 gesunken ist. %-Punkte ☐,☐

6 Entscheiden Sie bei den folgenden Aussagen aus dem Wirtschaftsteil einer Tageszeitung, welche Kapitalform jeweils angesprochen wird.

1 Realkapital
2 Geldkapital
3 Eigenkapital
4 Fremdkapital

a) Die konjunkturelle Expansion hat die Bereitschaft zur Ausweitung der Produktionskapazitäten bei den Unternehmen verstärkt. ☐

b) Aufgrund des Anstiegs der Sparquote wurden dem Kapitalmarkt zusätzliche Mittel zugeführt. ☐

c) Durch die Schaffung zusätzlicher Verkehrswege will das Land NRW für eine bessere Anbindung von Paderborn an den Wirtschaftsraum Rhein-Ruhr sorgen. ☐

d) Bei der Stadel-Brau-AG ist die Aufnahme eines Investitionskredites notwendig, um die geplante Unternehmensexpansion finanzieren zu können. ☐

e) Die aufgrund der Kapitalerhöhung der DETA-Stahl-AG ausgegebenen jungen Aktien haben einen Ausgabepreis von 30,00 €. ☐

7 Die folgende Tabelle zeigt Investitionsbestandteile zweier aufeinanderfolgender Jahre an. (Werte in Mrd. €)

	1. Jahr	**2. Jahr**
Ausrüstungen	265,6	259,7
Bauten	305,5	331,6
Vorratsinvestitionen	– 8,6	+ 5,9

Ermitteln Sie

a) die Bruttoinvestitionen im 2. Jahr, Mrd. € ☐☐☐,☐

b) den Zuwachs bei den Bruttoinvestitionen

ba) in Mrd. €, Mrd. € ☐☐,☐

bb) in Prozent (auf eine Stelle nach dem Komma runden). % ☐,☐

P

8 Gehen Sie von folgenden Angaben aus:

- Kapitalstock (Maschinen-/Anlagegüterwert) am 31.12.2023: 1 500 Mrd. €,
- Kapitalstock am 31.12.2024: 1 800 Mrd. € (nach Abzug der Abschreibungen für 2024),
- Abschreibungen 2024: 200 Mrd. €,
- Lagerbestände am 31.12.2023: 450 Mrd. €,
- Lagerbestände am 31.12.2024: 400 Mrd. €.

Ermitteln Sie für 2024 (jeweils in Mrd. €) die

a) Bruttoinvestitionen, Mrd. € ☐☐☐

b) Nettoinvestitionen, Mrd. € ☐☐☐

c) Ersatzinvestitionen, Mrd. € ☐☐☐

d) Erweiterungsinvestitionen, Mrd. € ☐☐☐

e) Lagerinvestitionen (Vorratsinvestitionen), Mrd. € ☐☐☐

f) Bruttoanlageinvestitionen. Mrd. € ☐☐☐

9 Ein Fabrikant hat die Möglichkeit, bei der Produktion von 250 Paar Schuhen die Produktionsfaktoren Arbeit (gemessen in Arbeitsstunden) und Kapital (gemessen in Maschinenstunden) wie in der folgenden Grafik dargestellt zu kombinieren.

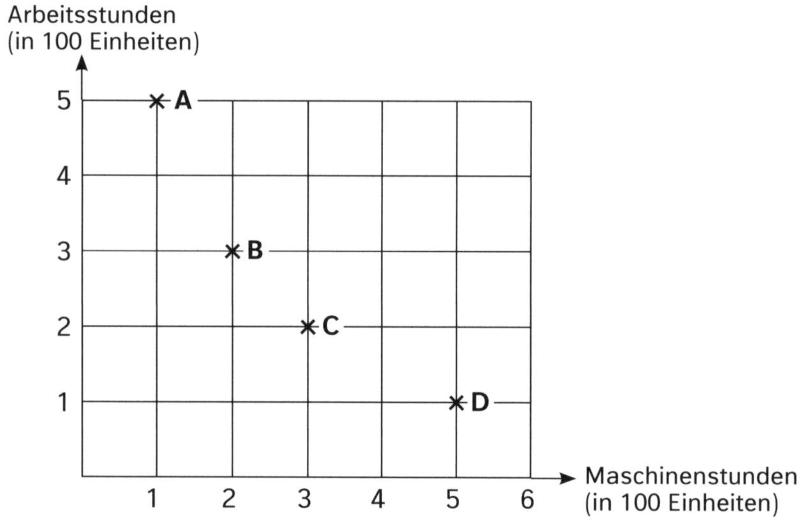

Die Preise für die Produktionsfaktoren Arbeit und Kapital betragen:

30,00 Geldeinheiten (GE) für eine Arbeitsstunde,
20,00 GE für eine Maschinenstunde.

Ermitteln Sie für die kostengünstigste Kombination

a) die Gesamtkosten, GE ☐☐☐☐☐

b) die Kosten je Paar Schuhe, GE ☐☐,☐☐

c) den Gewinn bei einem Verkaufspreis von 98 GE je Paar und einem Absatz der Gesamtmenge. GE ☐☐☐☐☐

P **10** In einer Statistik werden folgende Werte (jeweils in Mrd. €) aufgeführt:

Bruttolöhne und -gehälter	Nettolöhne und -gehälter	empfangene monetäre Sozialleistungen	verfügbares Einkommen	Sparen
908,9	599,5	377,8	1 491,7	159,5

a) Ermitteln Sie aufgrund dieser Angaben die Sparquote. % ☐☐,☐

b) Wie hoch ist die durchschnittliche Abgabenquote der Arbeitnehmenden für Lohn-/Kirchensteuer und Sozialversicherung? (Ergebnis auf eine Stelle nach dem Komma runden) % ☐☐,☐

c) Welche der folgenden Aussagen zum verfügbaren Einkommen ist zutreffend? ☐

1 Das verfügbare Einkommen entspricht dem Volkseinkommen.

2 Beim verfügbaren Einkommen werden Transferzahlungen berücksichtigt.

3 Das verfügbare Einkommen enthält nur Löhne/Gehälter und Vermögenseinkommen.

4 Beim verfügbaren Einkommen werden indirekte Steuern berücksichtigt.

5 Die Höhe der Sozialabgaben spielt bei der Ermittlung des verfügbaren Einkommens keine Rolle.

1.2 Konventionelle Aufgaben

K

Wandel in den Haushaltskassen Von je 100,00 € Haushaltsausgaben entfielen im Monat bei einer Famile mit zwei Kindern		
auf	**1975**	**2025**
Nahrung, Getränke, Tabak	37,50	17,02
Hotel, Restaurants, Sonstiges	2,40	7,95
Wohnen	15,60	32,74
Freizeit, Unterhaltung, Kultur, Bildung	9,40	13,19
Innenausstattung	10,00	7,44
Bekleidung, Schuhe	11,90	5,68
Verkehr, Radio, TV	9,70	16,89
.	.	.
.	.	.
.	.	.

1 Gehen Sie von folgenden Angaben aus:

durchschnittliche Haushaltsausgaben 1975: 355,00 €
durchschnittliche Haushaltsausgaben 2025: 2 820,00 €

Ermitteln Sie mithilfe dieser Angaben und anhand der oben stehenden Darstellung die Haushaltsausgaben in Euro für Nahrung, Getränke und Tabak in den Jahren 1975 und 2025 und stellen Sie das Ergebnis den Werten der Darstellung gegenüber.

2 Erläutern Sie das Maximal- und das Minimalprinzip anhand des Beispiels: „Bearbeitung von Kundendatensätzen“.

3 Erläutern Sie den Stellenwert eines Girokontos als Voraussetzung für die Befriedigung von Bedürfnissen.

4 Nennen Sie jeweils vier materielle und immaterielle Produktionsgüter eines Bankbetriebs.

5 Erläutern Sie die Begriffe „Bedürfnisse“, „Bedarf“ und „Nachfrage“ anhand der folgenden Situation:

„Janine Roth und Marie Breuer haben gerade ihre Abschlussprüfung erfolgreich bestanden und möchten nach der langen Phase intensiver Prüfungsvorbereitung ein wenig feiern. Sie reservieren einen Tisch in einem Restaurant, um dort einen fröhlichen Abend zu verbringen.“

6 Stellen Sie fest, um welche Art der Arbeitslosigkeit es sich in den nachfolgenden Fällen handelt.

a) Ein Arbeitnehmer kündigt sein Beschäftigungsverhältnis, um sich eine besser bezahlte Stelle zu suchen; zwischenzeitlich ist er arbeitslos.
b) Aufgrund der hohen Überkapazitäten innerhalb der Werftindustrie müssen mehrere Werften stillgelegt werden.
c) Aufgrund einer allgemeinen Nachfrageschwäche müssen die Unternehmungen ihre Produktion drosseln. Es kommt zu Entlassungen.
d) Aufgrund des frühen Wintereinbruchs kommt die Bauwirtschaft zum Erliegen. Die auf dem Bau arbeitenden Personen erhalten Schlechtwettergeld.

K **7** Definieren Sie den Begriff „Arbeitslosenquote“ mithilfe der folgenden Übersicht (ohne Berücksichtigung der „stillen Reserve“).

Übersicht

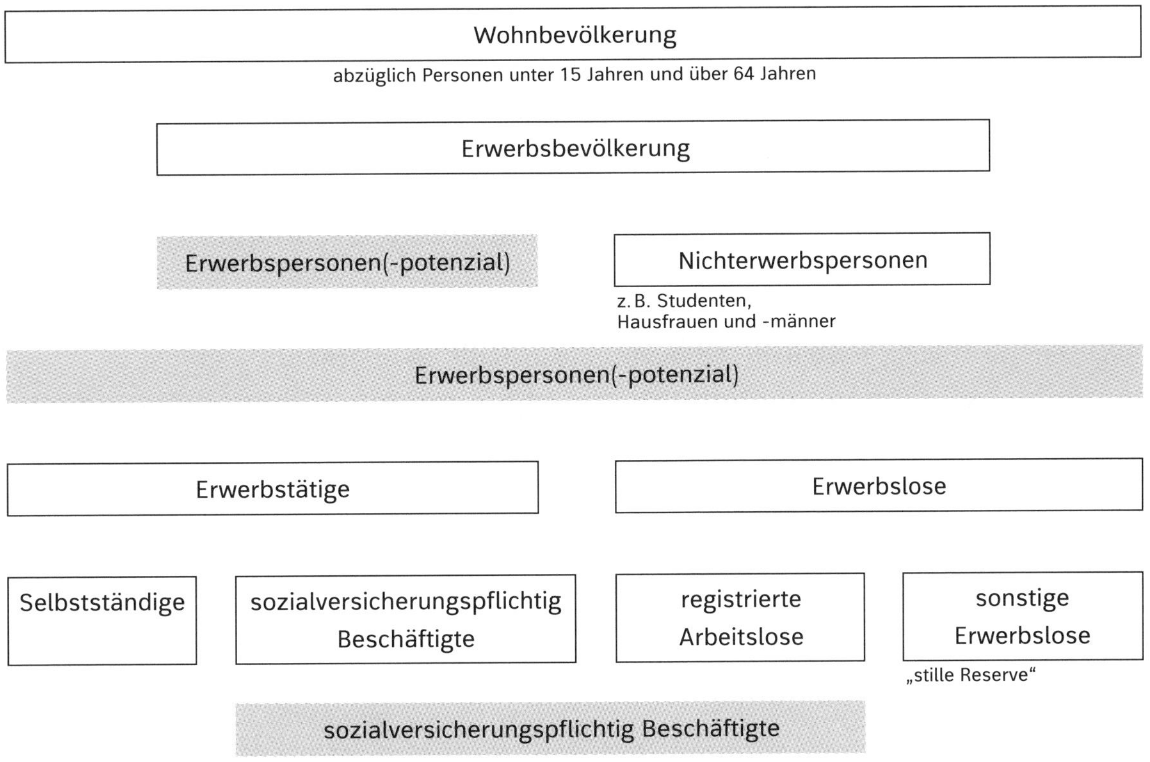

8 In einer Region werden folgende Daten ermittelt:

Einwohner/-innen:	490 000 (darunter weiblich: 238 000)
gemeldete arbeitslose Personen:	29 000 (darunter weiblich: 12 000)
Kurzarbeiter/-innen:	35 000 (darunter weiblich: 16 000)
gesamte Erwerbspersonen:	265 000 (darunter weiblich: 98 000)
selbstständige Erwerbspersonen:	21 000 (darunter weiblich: 7 000)

a) Ermitteln Sie folgende Arbeitslosenquoten für die Region (runden Sie das Ergebnis jeweils auf eine Stelle nach dem Komma):
   aa) Arbeitslosenquote bei Männern und Frauen,
   ab) Arbeitslosenquote bei Männern,
   ac) Arbeitslosenquote bei Frauen.

b) Erläutern Sie, warum die Aussagefähigkeit der Arbeitslosenquote hinsichtlich der tatsächlichen Arbeitslosigkeit einer Volkswirtschaft begrenzt ist.

c) Ermitteln Sie – nach Männern und Frauen getrennt – den prozentualen Anteil der Erwerbspersonen an der Einwohnerzahl und interpretieren Sie den Unterschied in den Ergebnissen.

K

9 Ein Produkt wird in zwei Ländern mit unterschiedlichem Lohnkosten- und Arbeitseinsatz hergestellt:
Einsatz für 100 Einheiten des Produktes

	Land 1	**Land 2**
Arbeitseinsatz	10 Arbeitsstunden	8 Arbeitsstunden
Lohnkosten je Arbeitsstunde	20,00 €	25,00 €

Ermitteln Sie

- die Arbeitsproduktivität und
- die Lohnstückkosten

für dieses Produkt in den beiden Ländern und erläutern Sie kurz Ihre Ergebnisse.

10 In Gutachten zum Vergleich der wirtschaftlichen Entwicklung verschiedener Länder bzw. Regionen wird häufig von einem „Produktivitätsabstand" gesprochen.

a) Erläutern Sie den Begriff Produktivität. Grenzen Sie dabei die Begriffe Arbeits- und Kapitalproduktivität ab.
b) Nennen Sie zwei Gründe für einen Produktivitätsabstand.

11 Nehmen Sie mithilfe der nachstehenden Übersicht Stellung zur Entwicklung der Arbeitsproduktivität (Bruttoinlandsprodukt je geleistete Arbeitsstunde) im Jahre 02 (rechnerischer Nachweis).

Übersicht

	Jahr 01	**Jahr 02**
Erwerbstätige (Mio.)	36,510	36,960
durchschnittliche Jahresarbeitszeit je Erwerbstätigen (Std.)	1683	1667
Bruttoinlandsprodukt (Mrd. €)	2853,6	2916,4

12 Gehen Sie von folgender Übersicht aus:

Grunddaten zur Wirtschaftsentwicklung der Volkswirtschaft eines Landes

	2022	**2023**	**2024**
Bruttoinlandsprodukt (BIP) in jeweiligen Preisen (Mrd. GE)	2733	2762	2834
Produktivität (BIP je geleistete Arbeitsstunde preisbereinigt [2020 = 100])	102,7	103,8	106,1

a) Um wie viel(e)
   aa) Indexpunkte,
   ab) Prozent ist die Produktivität im dargestellten Zeitraum insgesamt gestiegen?
   Runden Sie Ihr Ergebnis auf eine Stelle nach dem Komma.
b) Nennen Sie zwei denkbare Gründe für den Anstieg der Produktivität.

13 In der Volkswirtschaftslehre unterscheidet man die Produktionsfaktoren Arbeit, Boden und Kapital. Erläutern Sie in diesem Zusammenhang die Begriffe „abgeleiteter (derivativer) Produktionsfaktor" und „ursprünglicher Produktionsfaktor" .

14 Diskutieren Sie die Grenzen der Substitution des Produktionsfaktors Arbeit durch erhöhten Kapitaleinsatz in einem Kreditinstitut.

K **15** Ein Spielwarenhersteller plant die Produktion von Miniatureisenbahnen.

Es ist technisch möglich, die Miniatureisenbahnen mit geringem Kapitaleinsatz und vielen Arbeitskräften (arbeitsintensiv) oder mit hohem Kapitaleinsatz und wenigen Arbeitskräften (kapitalintensiv) herzustellen.

Die gewünschte Ausbringungsmenge von 5000 Stück pro Monat kann mit folgenden Faktorkombinationen produziert werden:

Kapitaleinheiten (KE)		Arbeitseinheiten (AE)
1	und	1 200
3	und	400
6	und	200
12	und	100

Der Preis für:

1 KE beträgt 80000,00 € p. M.
1 AE beträgt 2500,00 € p. M.

Der Marktpreis für diese Miniatureisenbahnen beträgt 220,00 € pro Stück.

a) Erläutern Sie im Zusammenhang mit dem beschriebenen Sachverhalt folgende Aussage: „Die Kombination der Produktionsfaktoren ist ein wirtschaftliches und ein technisches Problem.“
b) Bestimmen Sie
   ba) die Kombination mit den geringsten Kosten (Minimalkostenkombination).
   bb) die Kosten pro Stück bei der Minimalkostenkombination.
   bc) den Jahresgewinn bei der Minimalkostenkombination (kompletter Absatz aller produzierten Eisenbahnen).

16 Erläutern Sie das Prinzip des nachhaltigen Wirtschaftens. Stellen Sie dabei einen Bezug zu der nachstehenden Grafik her.

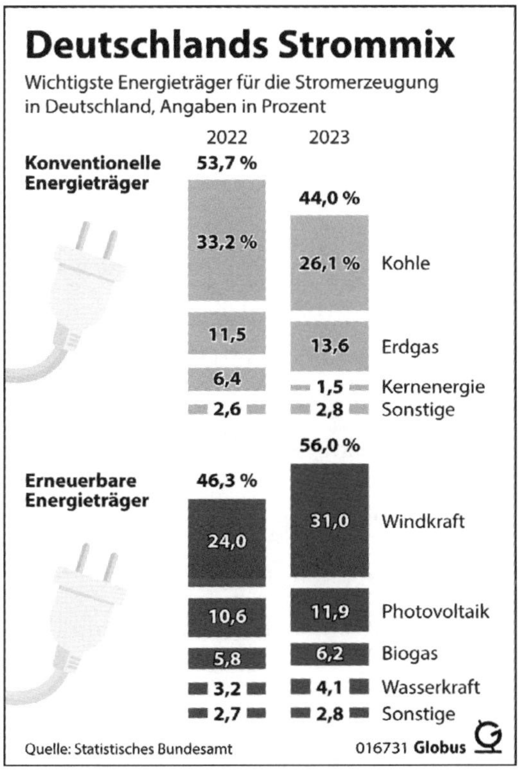

17 Im Jahr 2015 wurden von der UN-Generalversammlung mit der sogenannten „Agenda 2030“ insgesamt 17 Nachhaltigkeitsziele aufgestellt. Die nachstehenden Aussagen zur Agenda enthalten alle einen Fehler. Erläutern Sie, worin der Fehler besteht.

K

Aussagen

1. Ein Ziel befasst sich mit Bekämpfung der Armut: Alle Länder sind verpflichtet, zur Erreichung dieses Zieles einen bestimmten Prozentsatz ihres Bruttoinlandsprodukts aufzuwenden.
2. Die Bundesregierung hat auf Basis der Nachhaltigkeitsziele 2017 eine „deutsche Nachhaltigkeitsstrategie“ entwickelt, die unverändert bis 2030 bestehen bleiben soll.
3. Die meisten der 17 Nachhaltigkeitsziele beziehen sich auf ökologische Aspekte.
4. Mit den Nachhaltigkeitszielen verabschiedet sich die Weltgemeinschaft von der Vorstellung, dass eine Steigerung des Wohlstands durch Wirtschaftswachstum erreicht werden kann.

18 Bearbeiten Sie die nachstehenden Arbeitsaufträge mithilfe der folgenden Darstellungen:

Ländervergleich Deutschland – Österreich

	Deutschland	Österreich
Landwirtschaftlich genutzte Fläche	16,6 Millionen Hektar	3,2 Millionen Hektar
Einwohnerzahl	83,8 Millionen	9,1 Millionen

a) Führen Sie die Länder auf, bei denen der Anteil des ökologischen Landbaus im Jahr 2022 unter dem Durchschnitt der EU-Länder lag.

b) Wie viel Millionen Hektar landwirtschaftliche Fläche wurden im Jahr 2022
- in Deutschland
- in Österreich

für ökologischen Landbau genutzt? (Ergebnis auf eine Stelle nach dem Komma runden.)

c) Ermitteln Sie aufgrund Ihres Ergebnisses zu b) den Anteil ökologisch genutzter Landbaufläche pro Einwohner in beiden Ländern.

d) Landwirtschaftliche Flächen gehen, ebenso wie anderweitig genutzte Flächen, durch die sogenannte Bodenversiegelung verloren. Beschreiben Sie kurz diesen Begriff und die durch Bodenversiegelung entstehenden Probleme.

19 Die Rheinbank AG erwirtschaftet im Jahr 20.. einen Jahresüberschuss von 150 Mio. €. Erläutern Sie den bei der Verteilung des Jahresüberschusses entstehenden Zielkonflikt.

F

1.3 Fallaufgaben

1 Ein Unternehmen legt zum 31.12.2024 folgende (hier verkürzt wiedergegebene) Bilanz vor (Werte in Mio. €):

Aktiva		Passiva	
Anlagevermögen		Eigenkapital	40
Grundstücke und Gebäude	20		
Maschinen	10		
Umlaufvermögen		Fremdkapital	70
Waren	50[1]		
Liquide Mittel	30		
	110		110

Am Montag, 06.01.2025, wird eine Maschine im Buchwert von 1 Mio. € gegen Barzahlung gekauft.

REWE-Lehrbuch

a) Stellen Sie die veränderte Bilanz auf.

Bis zum Ende des Monats Januar 2025 werden 0,3 Mio. Stück des Warenbestandes zum Preis von 1,50 € je Stück gegen Barzahlung verkauft. Außerdem werden auf den neuen Maschinenbestand insgesamt 0,2 Mio. € abgeschrieben.

REWE Lehrbuch

b) Stellen Sie die gegenüber dem 06.01.2025 veränderte Bilanz auf.

c) Volkswirtschaftlich unterteilt man Investitionen in

- Erweiterungsinvestitionen (neue Anlagegüter abzüglich Abschreibungen),
- Ersatzinvestitionen (Abschreibungen) und
- Vorratsinvestitionen (Lagerinvestitionen, d. h. Veränderung der Lagerbestände).

Ermitteln Sie jeweils den Wert für diese Investitionsbestände im vorliegenden Fall.

[1] 50 Mio. Stück zum Herstellungspreis von je 1,00 €

2 Im Zusammenhang mit einer Arbeitsmarktanalyse ist in Ihrem Kreditinstitut die nachstehende Statistik auszuwerten. Erarbeiten Sie hierzu folgende Beiträge: **F**

- Definition der Begriffe „Erwerbstätige“ und „Arbeitsproduktivität“.
- Auswirkung steigender Arbeitsproduktivität auf die Höhe des Bruttoinlandsprodukts.
- Veränderung des gesamten Arbeitsvolumens der Erwerbstätigen im Jahr 2023 gegenüber dem Jahr 2019.
- Entwicklung des gesamten Arbeitsvolumens der Erwerbstätigen von 2019 bis 2023.
- Vergleich der Entwicklungen von Arbeitsvolumen der Erwerbstätigen und gesamter Arbeitsproduktivität je Erwerbstätigen im Zeitraum 2022 bis 2023.

Geleistete Arbeitsstunden der Erwerbstätigen

Jahr	Insgesamt	Land- und Forstwirtschaft, Fischerei	Prod. Gewerbe ohne Baugewerbe		Baugewerbe	Handel, Verkehr, Gastgewerbe	Information und Kommunikation	Finanz und Versicherungsdienstleister	Grundstücks- und Wohnüngswesen	Unternehmensdienstleister	Öffentliche Dienstleister, Erziehung, Gesundheit	Sonstige Dienstleister
			zusammen	darunter: Verarbeitendes Gewerbe								
	1	2	3	4	5	6	7	8	9	10	11	12
	Mill. Stunden											
2019	62168	1019	12079	11164	4031	13722	2058	1609	590	8449	15226	3385
2020	59104	970	11355	10441	3996	12626	2034	1559	565	7857	15009	3134
2021	60623	943	11592	10662	4104	12753	2155	1592	578	8184	15584	3138
2022	61410	932	11489	10571	4065	13317	2271	1552	586	8427	15517	3254
2023	61759	933	11475	10538	4067	13410	2325	1544	585	8489	15675	3257
	Veränderungen gegenüber dem Vorjahr in %											
2019	*0,4*	*- 3,2*	*- 0,2*	*- 0,3*	*0,6*	*0,1*	*3,5*	*- 1,5*	*- 0,1*	*- 0,5*	*1,3*	*1,3*
2020	*- 4,9*	*- 4,8*	*- 6,0*	*- 6,5*	*- 0,9*	*- 8,0*	*- 1,2*	*- 3,1*	*- 4,3*	*- 7,0*	*- 1,4*	*- 7,4*
2021	*2,6*	*- 2,8*	*2,1*	*2,1*	*2,7*	*1,0*	*5,9*	*2,1*	*2,2*	*4,2*	*3,8*	*0,1*
2022	*1,3*	*- 1,1*	*- 0,9*	*- 0,9*	*- 0,9*	*4,4*	*5,4*	*- 2,5*	*1,5*	*3,0*	*- 0,4*	*3,7*

Quelle: Statistisches Bundesamt (Destatis): Volkswirtschaftliche Gesamtrechnungen. Inlandsproduktberechnung. Erste Jahresergebnisse. Fachserie 18 Reihe 1.1, Wiesbaden, Januar 2024, S. 24. https://www.destatis.de/DE/Themen/Wirtschaft/Volkswirtschaftliche-Gesamtrechnungen-Inlandsprodukt/Publikationen/Downloads-Inlandsprodukt/inlandsprodukt-erste-ergebnisse-pdf-2180110.pdf?__blob=publicationFile, (13.10.2024)

Arbeitsproduktivität je Erwerbstätigen

Jahr	Insgesamt	Land- und Forstwirtschaft, Fischerei	Prod. Gewerbe ohne Baugewerbe		Baugewerbe	Handel, Verkehr, Gastgewerbe	Information und Kommunikation	Finanz und Versicherungsdienstleister	Grundstücks- und Wohnüngswesen	Unternehmensdienstleister	Öffentliche Dienstleister, Erziehung, Gesundheit	Sonstige Dienstleister
			zusammen	darunter: Verarbeitendes Gewerbe								
	1	2	3	4	5	6	7	8	9	10	11	12
	Index (2015 = 100)											
2019	102,04	103,30	104,62	103,82	95,40	105,33	107,01	102,63	98,55	103,37	99,04	100,22
2020	98,92	109,40	99,62	98,10	96,17	99,86	105,44	102,47	99,77	100,04	96,41	88,68
2021	101,90	122,35	108,38	108,90	90,15	102,24	110,27	109,93	101,55	104,00	95,50	89,91
2022	102,35	115,42	107,34	108,24	86,69	103.81	110,10	115,72	101,56	104,84	96,46	94,46
2023	101,30	121,48	104,91	107,68	86,34	101,92	110,11	115,21	102,56	104,42	96,50	95,95
	Veränderung gegenüber dem Vorjahr in %											
2019	*0,2*	*15,5*	*- 1,7*	*- 1,8*	*- 4,7*	*3,1*	*- 0,1*	*2,8*	*- 0,9*	*0,0*	*- 0,2*	*0,8*
2020	*- 3,1*	*5,9*	*- 4,8*	*- 5,5*	*0,8*	*- 5,2*	*- 1,5*	*- 0,2*	*1,2*	*- 3,2*	*- 2,7*	*- 11,5*
2021	*3,0*	*11,8*	*8,8*	*11,0*	*-6.3*	*2,4*	*4,6*	*7,3*	*1,8*	*4,0*	*- 0,9*	*1,4*
2022	*0,4*	*- 5,7*	*- 1,0*	*- 0,6*	*- 3,8*	*1,5*	*- 0,2*	*5,3*	*0,0*	*0,8*	*1,0*	*5,1*
2023	*- 1,0*	*5,3*	*- 2,3*	*- 0,5*	*- 0,4*	*- 1,8*	*0,0*	*- 0,4*	*1,0*	*- 0,4*	*0,0*	*1,6*

Quelle: Statistisches Bundesamt (Destatis): Volkswirtschaftliche Gesamtrechnungen. Inlandsproduktberechnung. Erste Jahresergebnisse. Fachserie 18 Reihe 1.1, Wiesbaden, Januar 2024, S. 30. https://www.destatis.de/DE/Themen/Wirtschaft/Volkswirtschaftliche-Gesamtrechnungen-Inlandsprodukt/Publikationen/Downloads-Inlandsprodukt/inlandsprodukt-erste-ergebnisse-pdf-2180110.pdf?__blob=publicationFile, (13.10.2024)

F **3** Die nachstehende Übersicht gibt Auskunft über 20 größten Unternehmen der Welt (gemessen am Umsatz – Geschäftsjahr 2023). Die Übersicht soll im Rahmen einer volkswirtschaftlichen Analyse ausgewertet werden.

Rang	Name	Land	Umsatz (Mrd. $)	Gewinn (Mrd. $)	Mitarbeiter	Branche
1.	Walmart	USA	611,289	11,680	2.100.000	Einzelhandel
2.	Saudi Aramco	Saudi-Arabien	603,651	159,069	70.496	Öl und Gas
3.	State Grid	Volksrepublik China	530,009	8,192	870.287	Energieversorger
4.	Amazon.com	USA	513,983	–2,722	1.541.000	Internethandel
5.	China National Petroleum	Volksrepublik China	483,019	21,080	1.087.049	Öl und Gas
6.	Sinopec	Volksrepublik China	471,154	9,657	527.487	Öl und Gas
7.	ExxonMobil	USA	413,680	55,740	62.000	Öl und Gas
8.	Apple	USA	394,328	99,803	164.000	Technologie
9.	Shell	Großbritannien	386,201	20,120	93.000	Öl und Gas
10.	UnitedHealth	USA	324,162	20,120	400.000	Versicherungen
11.	CVS Health	USA	322,467	4,149	259.500	Pharmahandel
12.	Trafigura	Niederlande	318,476	6,994	12.347	Rohstoffhandel
13.	China State Construction Engineering	Volksrepublik China	305,885	4,234	382.492	Bauhauptgewerbe
14.	Berkshire Hathaway	USA	302,089	–22,819	383.000	Mischkonzern
15.	Volkswagen	Deutschland	293,685	15,233	675.805	Automobile
16.	Uniper	Deutschland	288,309	–19,961	7.008	Energieversorger
17.	Alphabet	USA	282,836	59,972	190.234	Technologie
18.	McKesson	USA	276,711	3,560	48.000	Pharmahandel
19.	Toyota Motor	Japan	274,491	18,110	375.235	Automobile
20.	TotalEnergies	Frankreich	263,310	20,526	101.279	Öl und Gas

Quelle: Fortune Media IP Limited: Global 500, https://fortune.com/global500/search/ (17.07.2024).

a) Apple steht auf dieser Liste nur auf Platz 8, ist aber zurzeit das Unternehmen mit der höchsten Marktkapitalisierung der Welt. Erläutern Sie den Begriff „Marktkapitalisierung".

b) Stellen Sie aufgrund Ihrer Erläuterung zu a) die Bedeutung der Marktkapitalisierung im Vergleich zu anderen Größen wie Gewinn oder Umsatz dar.

c) Ermitteln Sie das Unternehmen unter den ersten fünf, das den geringsten Umsatz je Beschäftigten aufweist, und berechnen Sie diesen Umsatz in US-Dollar.

d) Ermitteln Sie das Unternehmen unter den ersten fünf, das den höchsten Gewinn je Beschäftigten aufweist, und berechnen Sie diesen Gewinn in US-Dollar.

2 Wirtschaftsordnungen, Markt und Preisbildung, Wettbewerb

2.1 Programmierte Aufgaben

P

1 Ordnen Sie den nachfolgenden Aussagen den zutreffenden Marktbegriff zu.

1 „Schwarzer Markt"
2 vollkommener Markt
3 Faktormarkt
4 Effektenmarkt
5 Käufermarkt
6 Verkäufermarkt

a) Hier wird zu Preisen gehandelt, die über dem staatlich verordneten Preis liegen. ☐
b) Es handelt sich um einen hochgradig organisierten Markt. Die Handelsobjekte selbst können hier nicht in Augenschein genommen werden. ☐
c) Dieser Markt existiert nur als gedankliches Modell. ☐
d) Es handelt sich um einen Sammelbegriff für Märkte, auf denen die Produktivkräfte einer Volkswirtschaft gehandelt werden. ☐
e) Es besteht an diesem Markt aufgrund des Angebotsüberhangs die Tendenz zu Preissenkungen. ☐

2 Mit welcher der folgenden Bedingungen des vollkommenen bzw. unvollkommenen Marktes sind die nachstehenden Vorgänge jeweils zu kennzeichnen?

Bedingungen des vollkommenen/unvollkommenen Marktes:
1 Homogenität der Güter
2 persönliche Präferenzen
3 räumliche Präferenzen
4 zeitliche Präferenzen
5 Markttransparenz
6 schnelle Reaktionsgeschwindigkeit

Vorgänge

a) Wegen des kürzeren Transportweges bevorzugt ein Händler Ware aus einem Nachbarort. ☐
b) Ein Hausmann kauft seine Kartoffeln am liebsten bei der freundlichen Bäuerin im Dorf. ☐
c) Ein Autofahrer bevorzugt Benzin der Marke X, da es lt. Werbung „den Motor extra gut reinigt". ☐
d) Ein Bankberater ruft online die aktuellen Kurse für X-Aktien an den deutschen Präsenzbörsen ab. ☐
e) Ein Rentner kauft vorzugsweise Waren vom Flohmarkt kurz vor Einbruch der Dämmerung, da er sie dann zum geringeren Preis erhält. ☐
f) Bäcker Paul verkauft seine Brötchen um 5 Cent teurer als ein zwei Kilometer entfernter Konkurrent. ☐
g) Bei der Auswahl von Nougat-Pralinen bevorzugt ein Kunde eine Sorte, die sich durch eine Hochglanz-Goldverpackung von den anderen abhebt. ☐

P **3** Die fixen Kosten eines Waschmaschinenherstellers betragen 4 200 000,00 € pro Jahr. Die vorhandene Produktionskapazität umfasst 30 000 Waschmaschinen pro Jahr. Die variablen Kosten je Waschmaschine betragen 650,00 €.

a) Wie viel Euro beträgt der kostendeckende Preis bei einer Kapazitätsauslastung von 80 %? €

b) Um wie viel Prozent ermäßigt sich der kostendeckende Preis aus a), wenn die Produktion um 6 000 Stück gesteigert werden kann? (Auf eine Stelle nach dem Komma gerundet) %

4 In welchem Fall muss bei preiselastischem Verhalten der Marktteilnehmer der Gleichgewichtspreis steigen bei gleichzeitiger Abnahme der Gleichgewichtsmenge?

1 Die Nachfrage ist konstant, das Angebot steigt.
2 Das Angebot ist konstant, die Nachfrage steigt.
3 Das Angebot ist konstant, die Nachfrage sinkt.
4 Die Nachfrage ist konstant, das Angebot sinkt.

5 Im Modell des vollkommenen Marktes kommt es immer dann zu einem neuen Marktgleichgewicht, wenn sich die Nachfrage- bzw. Angebotsbedingungen ändern.

Entscheiden Sie in den nachfolgenden Fällen, in welcher Weise sich
A: die Nachfrage- bzw. Angebotskurve verschiebt,
B: der Gleichgewichtspreis verändert.

A B

a) Preiserhöhung bei einem Substitutionsgut
b) Das Einkommen der Konsumenten steigt.
c) Preiserhöhung bei einem Komplementärgut
d) Der Staat gewährt den Unternehmen Subventionen.
e) Die Produktionskosten der Unternehmen steigen.
f) Der Staat senkt die Einkommensteuer.

A: **1** Die Angebotskurve verschiebt sich nach rechts.
2 Die Angebotskurve verschiebt sich nach links.
3 Die Nachfragekurve verschiebt sich nach rechts.
4 Die Nachfragekurve verschiebt sich nach links.

B: **5** Der Gleichgewichtspreis sinkt.
6 Der Gleichgewichtspreis steigt.
7 Der Gleichgewichtspreis bleibt unverändert.

6 In welcher der folgenden Darstellungen wird eine völlig unelastische Nachfrage dargestellt?

Darstellungen

1

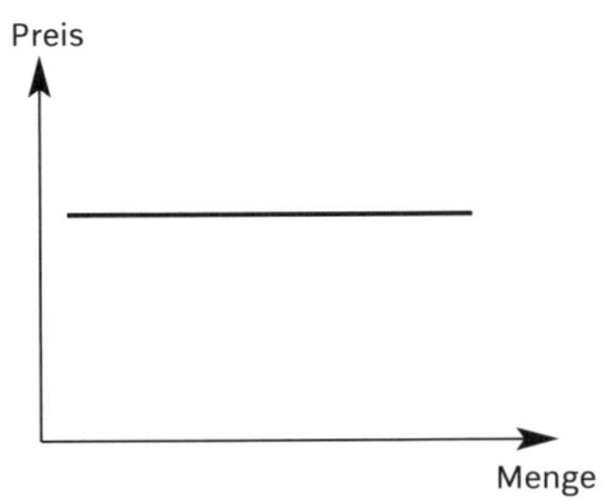

2

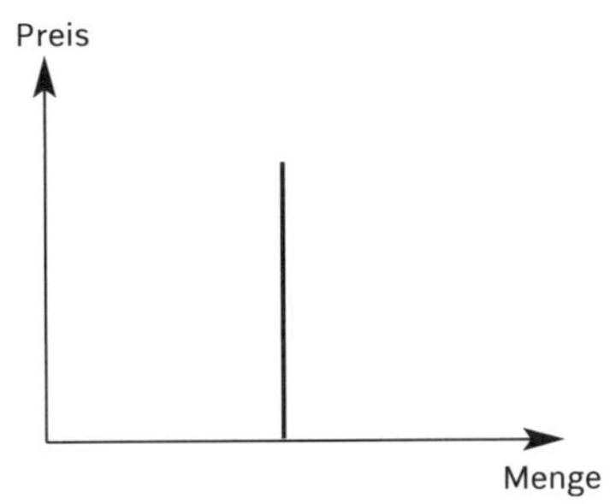

3

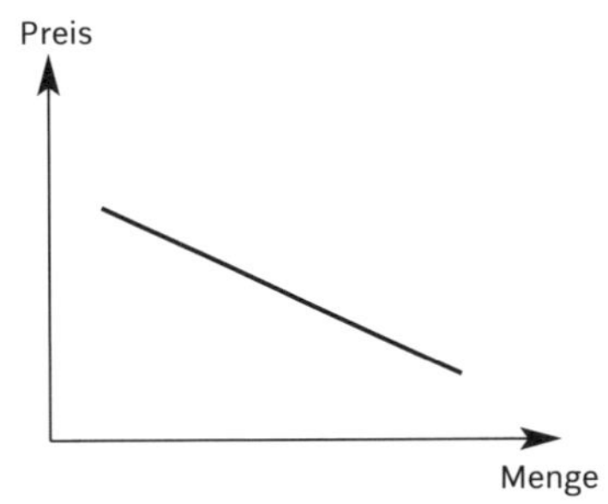

7 Entscheiden Sie bei den nachfolgenden Aussagen, welche Art des Angebots- bzw. Nachfrageverhaltens jeweils zugrunde liegt. **P**

1 Elastische Nachfrage
2 Elastisches Angebot
3 Starre Nachfrage
4 Starres Angebot
5 Komplementärelastizität
6 Substitutionselastizität

a) Die Preise für Benzin steigen um 4 %, der Benzinverbrauch sinkt daraufhin um 6 %. ☐
b) Der Butterpreis steigt; der Absatz von Margarine nimmt daraufhin zu. ☐
c) Die Preise für Zigaretten steigen; die Absatzzahlen ändern sich nicht. ☐
d) Die Preise für Benzin steigen; die Zahl der Autoneuzulassungen ist daraufhin rückläufig. ☐
e) Trotz steigender Preise können die Unternehmer das Produktionsvolumen nicht erhöhen, da die Kapazitäten ausgelastet sind. ☐

8 Kennzeichen Sie die nachfolgenden Aussagen über Höchst- und Mindestpreise.

1 Höchstpreis trifft zu.
2 Mindestpreis trifft zu.
3 Höchstpreis und Mindestpreis treffen zu.
4 Weder Höchstpreis noch Mindestpreis treffen zu.

a) Staatliche Maßnahmen zur Mengenregulierung sind in der Regel die Folge dieses staatlichen Eingriffs. ☐
b) Dieser staatliche Eingriff dient dem Schutz der Konsumenten. ☐
c) Dieser staatliche Eingriff lässt die Notwendigkeit einer Rationierung entstehen. ☐
d) Dieser staatliche Eingriff führt gewöhnlich zur Entstehung von Schwarzmärkten. ☐
e) Die Ausschaltungsfunktion des Marktpreises wird durch diesen staatlichen Eingriff beeinträchtigt. ☐
f) Es handelt sich um einen marktkonformen Eingriff des Staates. ☐
g) Unrentabel arbeitende Unternehmer werden durch diesen staatlichen Eingriff geschützt. ☐

9 Ordnen Sie den nachfolgenden Aussagen die zutreffenden Begriffe zu.

1 Ausschaltungsfunktion
2 Grenzanbieter
3 Käufermarkt
4 Lenkungsfunktion
5 Konsumentenrente
6 Markträumungsfunktion
7 Grenznachfrager
8 Verkäufermarkt
9 Produzentenrente

a) Aufgrund dieser Marktkonstellation ist mit Preissenkungen zu rechnen. ☐
b) Nicht wettbewerbsfähige Produzenten werden vom Markt verdrängt. ☐
c) Ein Konzern gibt einen unrentablen Unternehmenszweig auf und investiert in eine Zukunftsbranche. ☐
d) Solange ein Anbieter in der Lage ist, unterhalb des Marktpreises anzubieten, verfügt er über diesen Geldvorteil. ☐
e) Die Anpassungsvorgänge auf dem Markt führen dazu, dass ungeplante Lagerinvestitionen vermieden werden. ☐
f) Steigt der Marktpreis, werden diese Marktteilnehmer vom Markt verdrängt. ☐

P **10** Die nachstehenden Darstellungen **1** bis **3** geben jeweils die Beziehung zwischen der Nachfrage nach einem Gut 1 und dem Preis eines anderen Gutes 2 wieder. Ordnen Sie die Darstellungen den folgenden Beschreibungen zu.

Beschreibungen

Die Güter 1 und 2 stehen

a) in einem komplementären Verhältnis zueinander. ☐

b) in einem substitutiven Verhältnis zueinander. ☐

c) weder in einem komplementären noch einem substitutiven Verhältnis zueinander (indifferente Güter). ☐

Darstellungen

1 **2** **3**

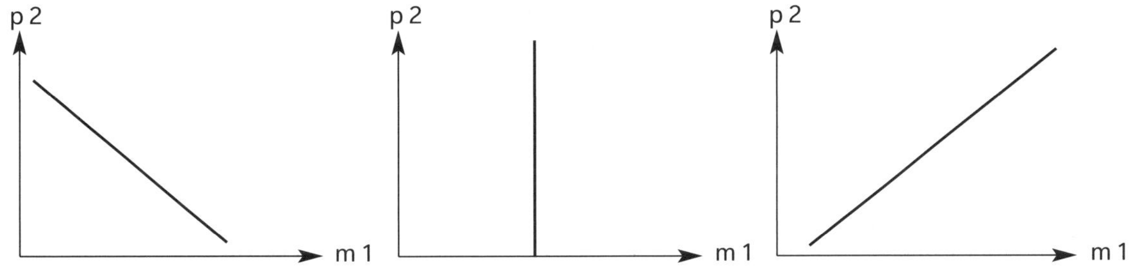

11 An einer Börse liegen zu einem bestimmten Zeitpunkt folgende Kauf- und Verkaufsaufträge für X-Aktien vor:

Kauf		**Verkauf**	
Limit (€)	Stück	Limit (€)	Stück
315,00	550	315,00	250
314,00	250	314,00	280
313,00	250	313,00	320
312,00	350	312,00	200

Ermitteln Sie den Kurs, bei dem der Markt geräumt wird. € ☐☐☐,☐☐

12 Die folgende Abbildung gibt Angebot und Nachfrage nach Investitionskrediten wieder (Anbieter: Kreditinstitute; Nachfrager: Unternehmen). Die Angebotskurve A1 zeigt das ursprüngliche Verhalten der Kreditinstitute, die Angebotskurve A2 das geänderte Verhalten, nachdem die EZB die Refinanzierungsmöglichkeiten der Kreditinstitute erschwert hat.

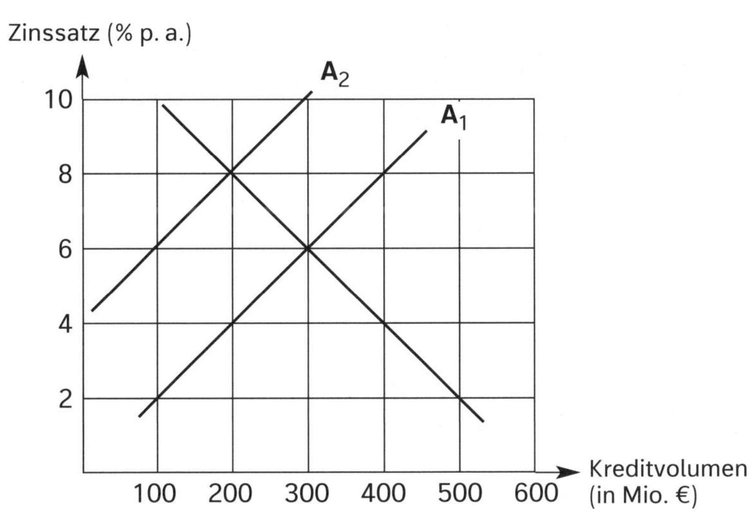

Um wie viel Euro (bezogen auf 1 Jahr) ändern sich die Zinserträge der Kreditinstitute?

€ ☐☐☐☐☐☐☐

13 Gegeben ist die Kostenfunktion

K = 25 + 1,5 m

a) In welcher der folgenden Darstellungen wird der Kostenverlauf korrekt dargestellt? ☐

P

Darstellungen

1

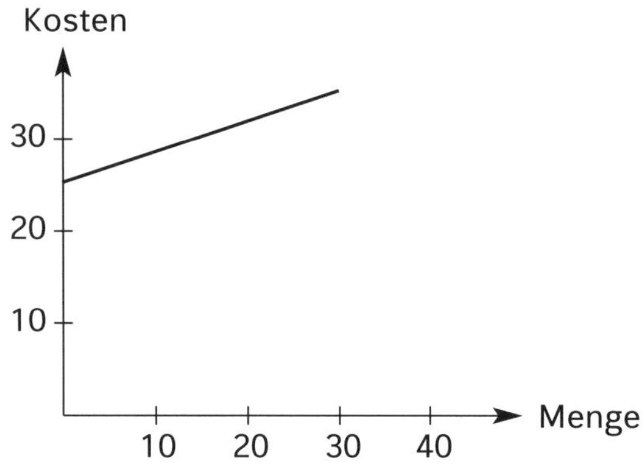

2

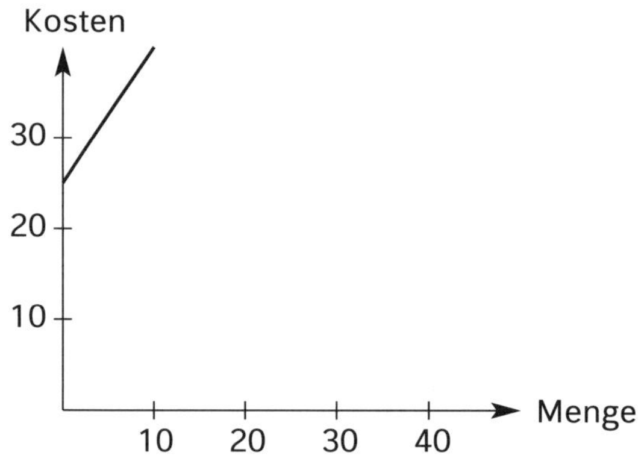

3

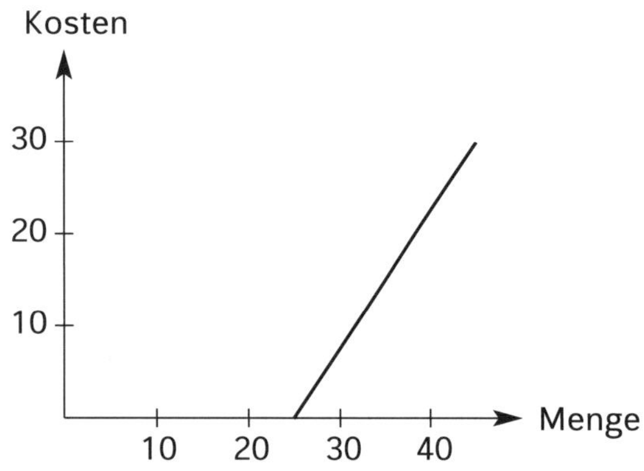

4

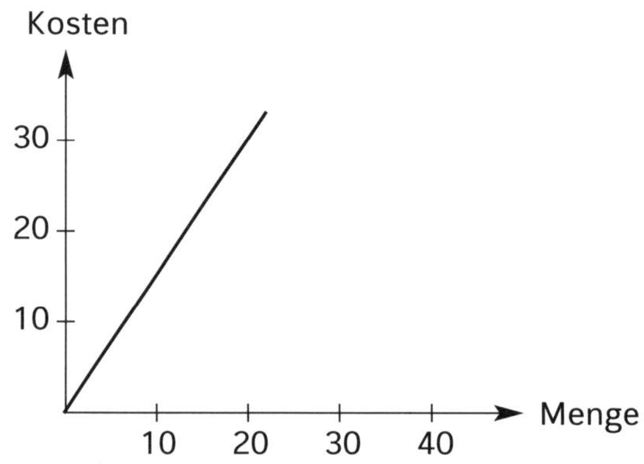

b) Ermitteln Sie für eine Menge von 150 Stück
- ba) die variablen Durchschnittskosten (Stückkosten). GE ☐,☐☐
- bb) die fixen Durchschnittskosten (Stückkosten). GE ☐,☐☐
- bc) die gesamten Durchschnittskosten (Stückkosten). GE ☐,☐☐

14 Gehen Sie von folgendem Angebots-/Nachfrageschema aus:

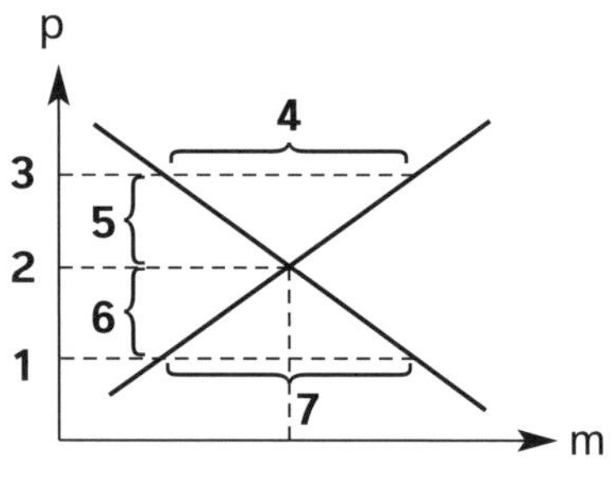

Kennzeichnen Sie mithilfe dieses Schemas die folgenden Begriffe, indem Sie jeweils die korrekte Ziffer eintragen.

Begriffe

a) Angebotsüberschuss ☐
b) Gleichgewichtspreis ☐
c) Mindestpreis ☐
d) Preis zum Schutz der Anbieter ☐
e) Konsumentenrente ☐

P **15** Gegeben ist die folgende Marktsituation:

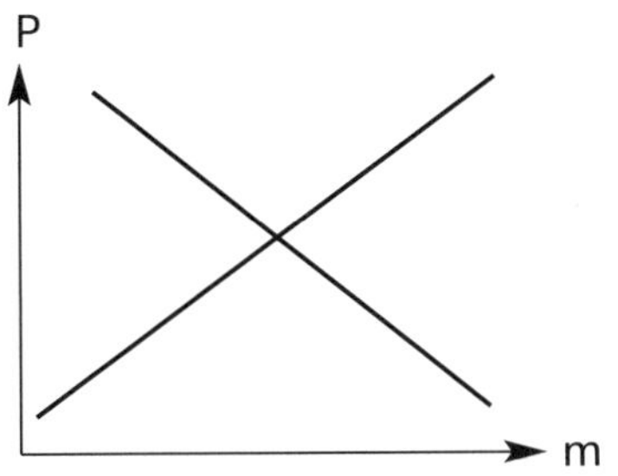

Kennzeichnen Sie in den folgenden Fällen jeweils die Änderung des Gleichgewichtspreises und des Umsatzes (Preis · Menge) zum Gleichgewichtspreis.

Der Gleichgewichtspreis
1 steigt,
2 sinkt,
3 bleibt unverändert.

Der Umsatz zum Gleichgewichtspreis
4 steigt,
5 sinkt,
6 bleibt unverändert.

Fälle

a) Linksverschiebung von Angebots- und Nachfragekurve im gleichen Maß
   aa) Gleichgewichtspreis ☐
   ab) Umsatz zum Gleichgewichtspreis ☐
b) Rechtsverschiebung der Angebotskurve; gleichzeitige Rechtsverschiebung der Nachfragekurve im gleichen Maß
   ba) Gleichgewichtspreis ☐
   bb) Umsatz zum Gleichgewichtspreis ☐
c) Linksverschiebung der Nachfragekurve; Angebotskurve bleibt unverändert
   ca) Gleichgewichtspreis ☐
   cb) Umsatz zum Gleichgewichtspreis ☐
d) Linksverschiebung der Angebotskurve; die Nachfragekurve verschiebt sich im gleichen Maß nach rechts.
   da) Gleichgewichtspreis ☐
   db) Umsatz zum Gleichgewichtspreis ☐

16 Auf einem Markt für ein bestimmtes Agrarprodukt besteht folgende Angebots und Nachfrage situation:

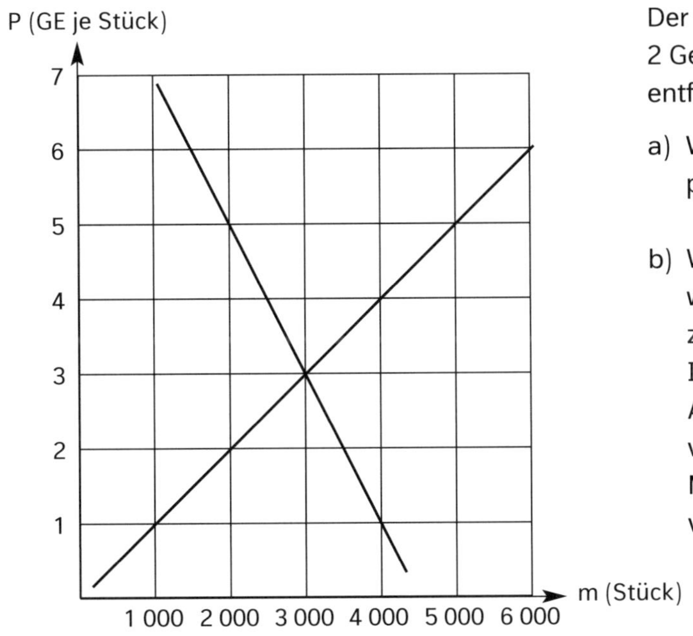

Der Staat setzt einen Mindestpreis fest, der 2 Geldeinheiten vom Gleichgewichtspreis entfernt liegt.

a) Wie viele GE beträgt der Mindestpreis?

GE ☐

b) Wie hoch ist der Verlust des Staates, wenn dieser das gesamte Angebot zum Mindestpreis aufkauft und die im Inland nicht absetzbare Menge im Ausland zum Weltmarktpreis von 2 GE verkauft? (Die im Inland absetzbare Menge wird zum Gleichgewichtspreis verkauft.)

GE ☐☐☐☐☐

17 Die folgende Darstellung zeigt Euroangebot und Euronachfrage gegen US-Dollar:

P

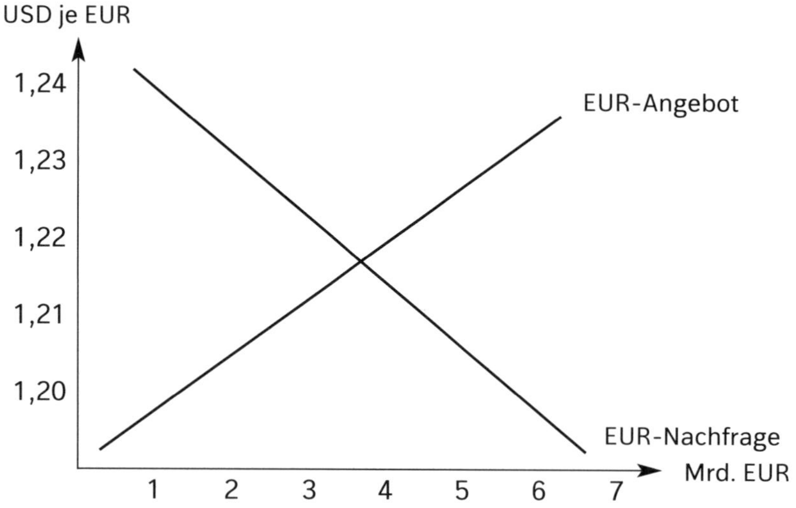

a) Welche der folgenden Auswirkungen würde sich tendenziell ergeben, wenn verstärkt Warenexporte aus dem Eurowährungsraum in die Vereinigten Staaten stattfinden und die Rechnungen hierüber auf Euro lauten würden? ☐

Auswirkungen

1 Rechtsverschiebung der Nachfragekurve
2 Linksverschiebung der Nachfragekurve
3 Rechtsverschiebung der Angebotskurve
4 Linksverschiebung der Angebotskurve

b) Welche der folgenden Maßnahmen durch die Europäische Zentralbank bzw. die amerikanische Notenbank (Fed) würde sich tendenziell zur Wiederherstellung der alten Situation eignen? ☐

Maßnahmen

1 Senkung der amerikanischen Leitzinsen bei konstantem europäischem Zinsniveau
2 Senkung der Euro-Leitzinsen bei konstantem amerikanischem Zinsniveau
3 Erhöhung der Euro-Leitzinsen bei konstantem amerikanischem Zinsniveau
4 Gleichzeitige Senkung der europäischen und amerikanischen Leitzinsen
5 Gleichzeitige Erhöhung der europäischen und amerikanischen Leitzinsen

18 Ein Unternehmen ermittelt folgende Kostenfunktion für ein Produkt:

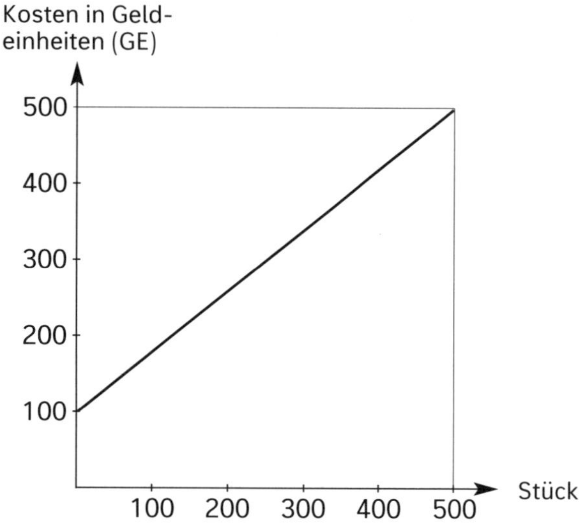

P

Das Produkt kann zu einem Preis von 2,5 GE je Stück abgesetzt werden.

a) Ermitteln Sie für die maximale Produktionskapazität von 500 Stück
   - aa) die fixen Stückkosten, GE ☐,☐☐
   - ab) die variablen Stückkosten, GE ☐,☐☐
   - ac) die gesamten Stückkosten, GE ☐,☐☐
   - ad) den Gewinn des Unternehmens. GE ☐☐☐

b) Durch höhere Motivation der Mitarbeitenden wird die Produktionskapazität um 10 % gesteigert. Die gesamte Produktion kann bei gleichem Kostenverlauf zum bisherigen Marktpreis abgesetzt werden. Stellen Sie fest, welche der nachstehenden Größen unverändert bleibt. ☐

Größen

1 fixe Stückkosten
2 variable Stückkosten
3 gesamte Stückkosten
4 Umsatz
5 Gewinn

19 Gehen Sie von folgender Angebotssituation für ein Produkt aus:

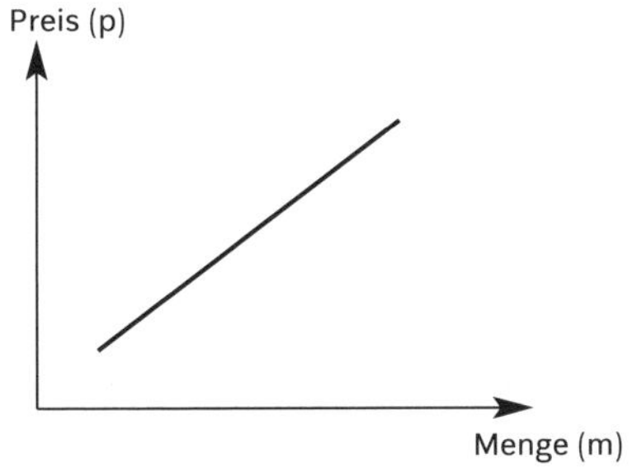

Stellen Sie jeweils fest, ob es als Folge der nachstehenden Sachverhalte jeweils zu einer Verschiebung der Angebotskurve oder zu einer Bewegung auf der Angebotskurve kommt. Die Sachverhalte sind unabhängig zu betrachten.

1 Verschiebung der Angebotskurve nach rechts
2 Verschiebung der Angebotskurve nach links
3 Bewegung auf der Angebotskurve nach rechts
4 Bewegung auf der Angebotskurve nach links

Sachverhalte

a) Es treten neue Anbieter am Markt auf. ☐
b) Das Produkt wird durch gezielte Präsentationen im Fernsehen bei den Verbrauchern beliebter. ☐
c) Die Anbieter können günstiger produzieren und geben den Preisvorteil an die Verbraucher weiter. ☐
d) Ein gleichwertiges Konkurrenzprodukt (Substitutionsgut) wird durch Werbung bei den Verbrauchern beliebter. ☐
e) Durch eine Steuerreform steigen die verfügbaren Einkommen der Haushalte. ☐
f) Die Produktionskosten erhöhen sich durch steigende Rohstoffpreise. ☐
g) Das Produkt gerät in den Verdacht, gesundheitsschädlich zu sein. ☐

20 Ordnen Sie den nachstehenden Darstellungen 1 bis 3 die folgenden Begriffe zu. **P**

Begriffe

a) Unterordnungskonzern mit Holding ☐
b) Gleichordnungskonzern ☐
c) Unterordnungskonzern ohne Holding ☐

Darstellungen

1

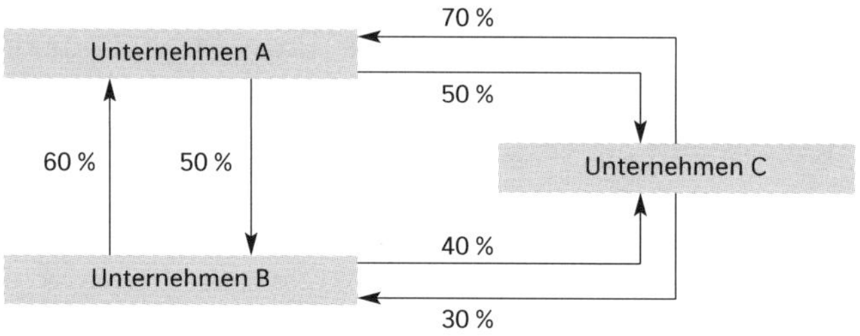

2

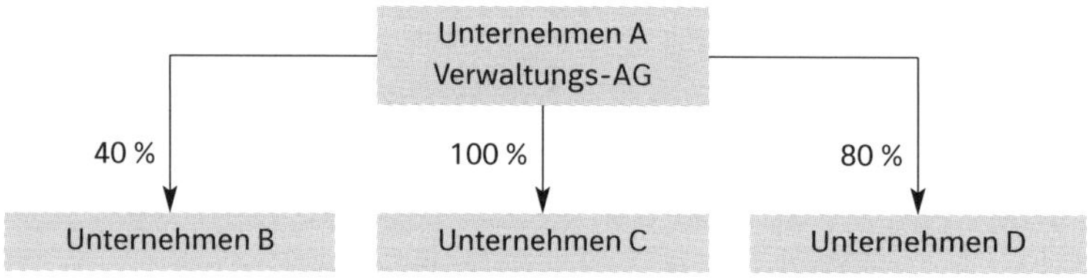

3

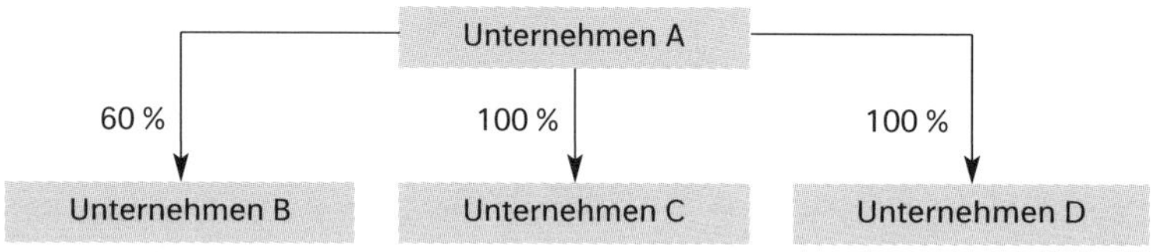

21 Bei den verschiedenen Formen der Kooperation und Konzentration von Unternehmen unterscheidet man u. a. die Begriffe „Kartell“, „Konzern“ und „Fusion“. In welchem der nachstehenden Beispiele liegt ein Konzern vor? ☐

Beispiele

1 Einige Unternehmen schließen sich zwecks Durchführung eines Großprojektes zusammen.

2 Ein Unternehmen wird unter Aufgabe seiner rechtlichen und wirtschaftlichen Selbstständigkeit mit dem gesamten Vermögen in ein anderes Unternehmen eingegliedert.

3 Es schließen sich Unternehmen unter Beibehaltung ihrer rechtlichen und wirtschaftlichen Selbstständigkeit zur Erreichung bestimmter Ziele zusammen.

4 In einer Gemeinde wird der Neubau des Rathauses ausgeschrieben. Die ortsansässigen Bauunternehmen vereinbaren, dass keines von ihnen einen bestimmten Angebotspreis unterschreiten wird.

5 Ein Unternehmen erwirbt eine Beteiligung von 90 % am Grundkapital eines anderen Unternehmens und übt über dieses die einheitliche Leitung aus.

22 Welche der nachstehenden Aussagen zum Gesetz gegen den unlauteren Wettbewerb (UWG) ist zutreffend? ☐

1 Das UWG dient ausschließlich dem Verbraucherschutz.

2 Zu den unlauteren geschäftlichen Handlungen gehören auch Handlungen, durch die die Entscheidungsfreiheit eines Verbrauchers erheblich beeinträchtigt wird.

3 Im Anhang zum UWG werden Beispiele für unlautere geschäftliche Handlungen aufgeführt.

4 Telefonische Werbeaktionen sind auch ohne vorherige Zustimmung eines Verbrauchers erlaubt, sofern keine erhebliche Belästigung vorliegt.

5 Vergleichende Werbung ist lt. UWG verboten.

K

2.2 Konventionelle Aufgaben

1 Entscheiden Sie, welche Folgewirkungen für den Gleichgewichtspreis und die Gleichgewichtsmenge durch den Eintritt der jeweils beschriebenen Änderung der Marktsituation entstehen.

a) Die Nachfrage steigt, das Angebot bleibt konstant.
b) Der Anstieg der Produktionskosten wird durch Kaufkraftsteigerungen in gleicher Höhe ausgeglichen.
c) Das Angebot steigt, die Nachfrage bleibt konstant.
d) Die Nachfrage steigt, das Angebot steigt im gleichen Maße.
e) Die Nachfrage steigt, das Angebot sinkt im gleichen Maße.

2 Der Geschäftsführer einer Spielgeräte GmbH bittet um Hilfestellung bei der Wahl einer Maschine zur Herstellung von Miniaturautomobilen. Zur Auswahl stehen die Maschinen A und B:

	Maschine A	**Maschine B**
Anschaffungskosten	48 000,00 €	60 000,00 €
Nutzungsdauer	sechs Jahre	acht Jahre
max. Produktionskapazität p. a.	12 000 Stück	15 000 Stück
variable Kosten je Stück	2,50 €	2,00 €

a) Stellen Sie den Selbstkostenpreis je Stück bei Maschine B bei voller Auslastung der vorhandenen Produktionskapazität fest.
b) Stellen Sie fest, ab welcher Produktionsmenge Maschine B gegenüber Maschine A vorteilhafter ist (laufzeitunabhängige Betrachtung).

3 Ein Monopolist ermittelt für sein Produkt folgende Nachfragesituation:

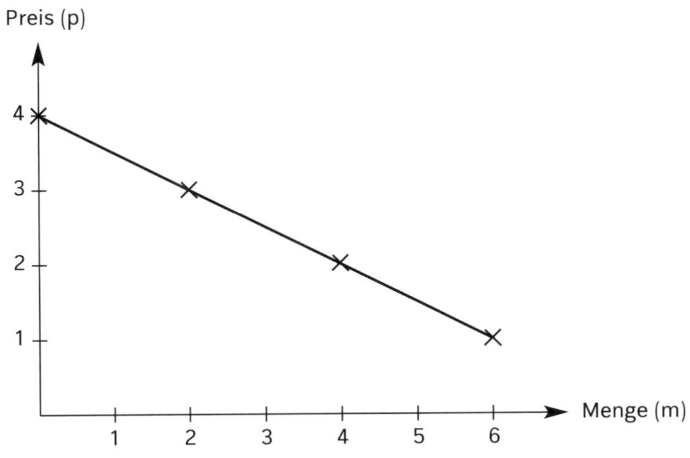

Der Monopolist hat fixe Kosten von 2 Geldeinheiten (GE) und variable Kosten von 0,5 GE je Stück.

Welcher der im obigen Schema eingezeichneten Preise ist für den Monopolisten gewinnmaximal? Weisen Sie Ihre Entscheidung rechnerisch nach.

4 Gehen Sie von folgenden Nachfragesituationen nach drei verschiedenen Gütern aus:

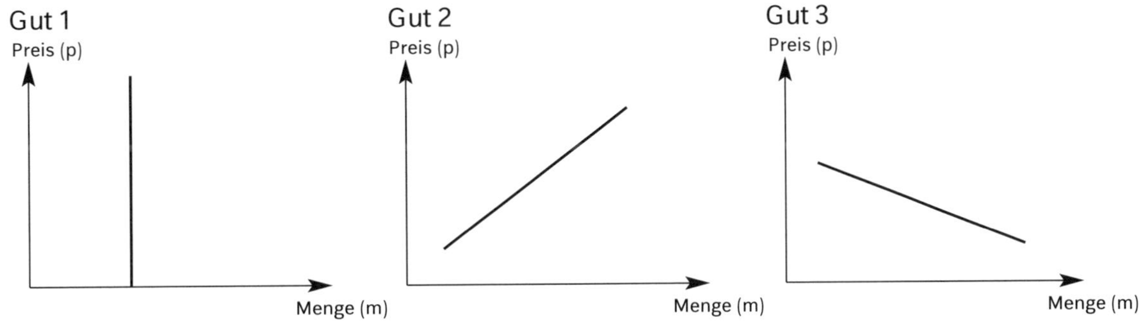

a) Beschreiben Sie jeweils das dargestellte Nachfrageverhalten und versuchen Sie jeweils ein Beispiel für das Verhalten zu finden.
b) Welche Konsequenz für die Preisgestaltung ergibt sich für die Anbieter des Gutes 1?

5 Auf einem Obstmarkt treffen 5 Anbieter und Nachfrager mit folgenden Wünschen zusammen (Preise in €): **K**

	Angebots-menge (kg)	Preis-vorstellung		Nachfrage-menge (kg)	Preis-vorstellung
Anbieter 1	2,0	1,20	Nachfrager 1	0,5	1,20
Anbieter 2	2,0	1,10	Nachfrager 2	1,0	1,10
Anbieter 3	3,0	1,00	Nachfrager 3	0,5	1,30
Anbieter 4	1,0	1,30	Nachfrager 4	3,0	1,40
Anbieter 5	0,5	1,40	Nachfrager 5	1,5	1,00

a) Ermitteln Sie den Gleichgewichtspreis und zeichnen Sie Ihre Ergebnisse in ein Preis-Mengen-Schema ein. Hinweise:

(1) Der Nachfrager gibt mit seiner Preisvorstellung zu verstehen, dass er höchstens diesen Preis zahlen möchte, der Anbieter jedoch möchte mindestens seine Preisvorstellung erreichen.

(2) Gehen Sie bei der zeichnerischen Darstellung von einer beliebigen Teilbarkeit der Mengen und Preise aus. (Die einzelnen Punkte sind also zu verbinden.)

Auflistung

Preis	Gesamtangebot	Gesamtnachfrage
1,00		
1,10		
1,20		
1,30		
1,40		

b) Ermitteln Sie mithilfe Ihrer Ergebnisse zu a)

ba) die Konsumentenrente des Nachfragers 4,

bb) die Produzentenrente des Anbieters 3,

bc) den Grenzanbieter,

bd) den Grenznachfrager.

6 Gehen Sie von folgender Angebots- und Nachfragesituation für ein bestimmtes Milchprodukt aus:

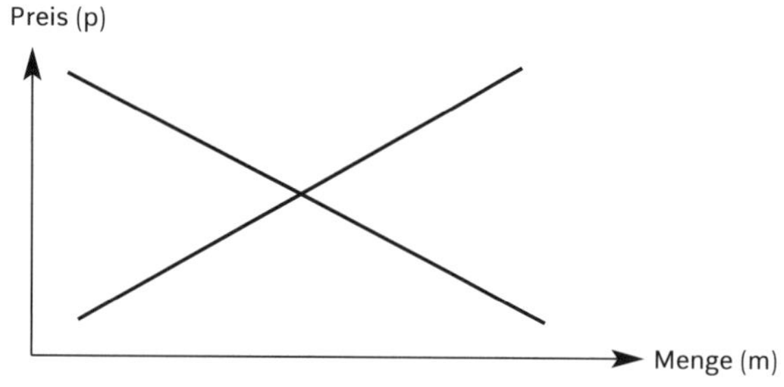

Zum Schutz der Anbieter soll eine internationale Vereinbarung getroffen werden, deren Ziel die Regulierung des Marktes ist. Es stehen folgende Alternativen zur Diskussion:

- Einführung eines Mindestpreises
- Reduzierung der Milchproduktion durch staatliche Schlachtprämien

Diskutieren Sie die Auswirkungen dieser Maßnahmen. Argumentieren Sie dabei anhand des obigen Schemas.

7 Ordnen Sie den Begriffen „Polypol“, „Angebotsoligopol“ und „Angebotsmonopol“ je zwei Beispiele zu.

8 Begründen Sie, warum man Wertpapier- und Devisenmärkte als nahezu „vollkommene“ Märkte bezeichnen kann.

K **9** Die Hansenbank oHG ermittelt folgende Kosten, die im Zusammenhang mit der Nutzung des Kontoauszugsdruckers in einem bestimmten Zeitraum entstehen:

- anteilige Fixkosten in Höhe von 800,00 €,
- variable Kosten in Höhe von 0,10 € je Auszug.

Für jede Nutzung stellt die Hansenbank ihrem Kunden eine Gebühr von 1,00 € pro Auszug in Rechnung.

a) Ermitteln Sie die Gewinnschwelle (Break-even-Point).

b) Während des Zeitraums wurde der Kontoauszugsdrucker von 790 Kunden benutzt. Sie druckten im Durchschnitt 1,5 Auszüge aus. Ermitteln Sie den Gewinn bzw. Verlust für die Hansenbank.

10 Im Vergleich der Kosten für Wertpapiertransaktionen ergeben sich bei drei Kreditinstituten folgende Werte:

Institut 1: Bankhaus Sellmann und Söhne KG		**Institut 2: Stadtsparkasse Willersdorf**		**Institut 3: Quick-Deal-Direktbank AG**	
(Auszug aus dem Konditionentableau)		(Auszug aus dem Konditionentableau)		(Auszug aus dem Konditionentableau)	
Mindestgebühr (Aktien)	32,00 €	Mindestgebühr (Aktien)	16,00 €	Mindestgebühr (Aktien)	12,00 €
Mindestgebühr (Rentenwerte)	25,00 €	Mindestgebühr (Rentenwerte)	14,00 €	Mindestgebühr (Rentenwerte)	10,00 €
Provision in % – Aktien/Kurswert	1,0	Provision in % – Aktien/Kurswert	1,0	Provision in % – Aktien/Kurswert	0,30
Provision in % – Renten/Kurswert, mindestens Nennwert	0,5	Provision in % – Renten/Kurswert, mindestens Nennwert	0,5	Provision in % – Renten/Kurswert, mindestens Nennwert	0,15

Erläutern Sie die Unterschiede in der Konditionengestaltung vor dem Hintergrund der verschiedenartigen Marktausrichtung dieser Institute.

11 Ein Kreditinstitut ermittelt für ein bestimmtes Bankprodukt den folgenden Absatzverlauf, nachdem zu Beginn des Jahres 2023 der Preis für das Produkt geringfügig erhöht und Mitte 2023 wieder auf das alte Niveau gesenkt worden war:

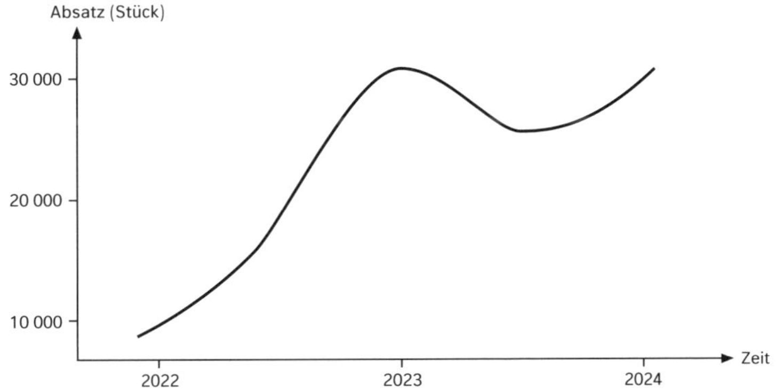

Erläutern Sie anhand dieser Situation den Begriff „Preiselastizität der Nachfrage".

12 Herr Müller erkundigt sich bei verschiedenen Kreditinstituten nach deren Gebühren im Zusammenhang mit der Abwicklung des Zahlungsverkehrs. Ihm werden u. a. folgende Angebote unterbreitet: **K**

„Einzelabrechnungskonto"	**„Paketkonto Telemat"**	**„Paket für alle"**
Grundgebühr: 2,00 €/Monat	Grundgebühr: 5,00 €/Monat	Grundgebühr: 1,40 €/Monat
Buchungsgebühren (je Vorgang) für: – Schecks 0,15 € – Lastschriften 0,15 € – Daueraufträge 0,15 € – beleglose Überweisungen 0,20 € – konventionelle Überweisungen 0,30 €	alle Buchungen inklusive außer konventionellen Überweisungen: 0,25 € je Vorgang	Buchungen: 0,30 € je Posten (außer Ein- und Auszahlungen)
Porto je Auszug 0,55 €	Porto je Auszug 0,55 €	Porto je Auszug 0,55 €
Kontoauszugsdrucker 0,00 €	Kontoauszugsdrucker 0,00 €	Kontoauszugsdrucker 0,00 €

Über das Girokonto von Herrn Müller wurden bisher im Jahresdurchschnitt folgende Transaktionen abgewickelt:

- 30 Scheckgutschriften,
- 32 Lastschrifteinzüge,
- 20 Daueraufträge,
- 42 konventionelle Überweisungen,
- 26 Auszahlungen.

Die Herrn Müller per Post zugesandten Kontoauszüge enthalten durchschnittlich jeweils 3 Transaktionen.

a) Ermitteln Sie rechnerisch das für Herrn Müller günstigste Angebot.

Betrachten Sie die Leistungen „Einzelabrechnungskonto" und „Paketkonto Telemat".

b) Unterbreiten Sie Herrn Müller zwei Vorschläge zur Reduzierung seiner Kontoführungsgebühren. (Hinweis: Das Transaktionsvolumen soll unverändert bleiben.)
c) Für welchen Kundenkreis ist das Einzelabrechnungskonto günstiger als das Paketkonto Telemat?
d) Herr Müller entdeckt im Preis- und Leistungsverzeichnis seiner Bank auch das folgende Angebot:

Pfändungsschutz-/Guthabenkonto
Rechnungsabschluss vierteljährlich
Kontoführungspauschale pro Monat 5,00 €
Darin enthalten:
- *Bareinzahlungen und Barauszahlungen*
- *Überweisungen am Selbstbedienungsterminal oder durch Onlinebanking*
- *Dauerauftrag (Einrichtung, Änderung, Löschung, Ausführung am Selbstbedienungsterminal oder durch Onlinebanking)*
- *Kontoauszug am Selbstbedienungsterminal*
- *Lastschrifteinlösungen*
- *Servicecard (aber keine Bank- oder Kreditkarte)*

Die Kontoführung erfolgt grundsätzlich auf Guthabenbasis.

Herr Müller erkundigt sich nach dem Hintergrund dieses Kontos. Klären Sie ihn hierüber auf.

F

2.3 Fallaufgaben

1 In einer Stadt mit ca. 50000 Einwohner/-innen ergeben sich durch die Schließung der örtlichen Zweigstelle einer Großbank neue Marktchancen für die beiden übrig bleibenden Kreditinstitute, die Sparkasse und die Volksbank.

a) Beschreiben Sie die in der Stadt anzutreffende Marktform am Markt für „klassische" Bankdienstleistungen.

Ein Marktforschungsinstitut führt eine Umfrage bei einem Teil der für einen Wechsel der Bankverbindung infrage kommenden Haushalte durch. Die (anonyme) Umfrage bei 100 Haushalten ergibt u. a. folgende Daten:

Kunden-kategorie	vorhandenes Geldvermögen	Zahl der befragten Haushalte	durchschnittliches Nettoeinkommen pro Monat	Zahl der befragten Haushalte
I	bis 25000,00 €	14	bis 1250,00 €	10
II	über 25000,00 € bis 50000,00 €	30	über 1250,00 € bis 2250,00 €	44
III	über 50000,00 € bis 100000,00 €	41	über 2250,00 € bis 4000,00 €	38
IV	über 100000,00 €	15	über 4000,00 €	8
35 Haushalte sind Eigentümer einer Immobilie.				

Die Zahl der für einen Wechsel der Bankverbindung infrage kommenden Haushalte wird mit 1000 Haushalten angenommen. Ferner wird unterstellt, dass die o. g. Werte repräsentativ, d. h. auf diese 1000 Haushalte übertragbar sind.

b) Analysieren Sie die oben dargestellten Verhältnisse zum Geldvermögen der Haushalte. Füllen Sie dazu das nachstehende Schema aus. Es ist zu unterstellen, dass sich die Neukunden-Haushalte zu 60 % auf die Sparkasse und zu 40 % auf die Volksbank verteilen.

Kundenkategorie/ durchschnittliches Vermögens-anlagevolumen für das Neugeschäft	Anzahl der Neukunden-haushalte/ Sparkasse	Anzahl der Neukunden-haushalte/ Volksbank	Vermögensanlage-volumen/ Sparkasse	Vermögensan-lage volumen/ Volksbank
I 19000,00 €				
II 33000,00 €				
III 70000,00 €				
IV 160000,00 €				

c) Ermitteln Sie jeweils die zu erwartende prozentuale Steigerung des Geschäftsvolumens der beiden Kreditinstitute. Gehen Sie von einem bisherigen Geschäftsvolumen von 0,4 Mrd. € bei der Sparkasse und 0,25 Mrd. € bei der Volksbank aus.

d) Erläutern Sie die Unterschiede, die sich für beide Kreditinstitute im Leistungsangebot aufgrund der verschiedenen Kundenkategorien ergeben.

e) Stellen Sie ein typisches Bankprodukt für die „Kategorie-I-Kunden" heraus und begründen Sie Ihre Wahl.

2 Für einen Vortrag der Geschäftsleitung einer Bankfiliale zum Thema „Wettbewerb im Finanzgewerbe" soll u. a. die nachstehende Statistik ausgewertet werden (Ergebnisse auf eine Stelle nach dem Komma runden).

F

a) Ermitteln Sie für die Bankengruppen
- Kreditbanken
- Sparkassen
- Kreditgenossenschaften

jeweils den prozentualen Anteil der Institutszahl an der Gesamtzahl aller Institute im Mai 2024.

b) Ermitteln Sie für diese drei Bankengruppen jeweils den prozentualen Anteil des Kreditgeschäftes mit Nichtbanken an der Bilanzsumme sowie das durchschnittliche Kreditvolumen (beim Kreditgeschäft mit Nichtbanken) pro Kreditinstitut in Mio. €, jeweils für Mai 2024.

c) Stellen Sie die Ergebnisse zu a) und b) gegenüber und werten Sie diese vor dem Hintergrund des Begriffs „Wettbewerb".

	in Mrd. €			Kredite an Banken (MFIs)			Kredite an Nichtbanken (Nicht-MFIs)						
					darunter:			darunter:					
								Buchkredite mit Befristung					
Stand am Monatsende	Anzahl der berichtenden Institute	Bilanzsumme	Kassenbestand und Guthaben bei Zentralnotenbanken	insgesamt	Guthaben und Buchkredite	Wertpapiere von Banken	insgesamt	bis 1 Jahr einschl.	über 1 Jahr	Wechsel	Wertpapiere von Nichtbanken	Beteiligungen	Sonstige Aktivpositionen
	Alle Bankengruppen												
2023 Dez	1 334	10 397,8	71,2	3 447,6	2 963,8	479,9	5 004,5	453,0	3 824,2	0,1	714,1	97,3	1 777,1
2024 Jan	1 335	10 534,7	89,9	3 537,5	3 042,7	491,0	5 033,8	476,4	3 822,3	0,1	719,0	96,8	1 776,6
Febr	1 334	10 669,6	64,3	3 622,7	3 122,5	496,3	5 056,1	485,2	3 829,4	0,1	726,6	96,2	1 830,3
März	1 333	10 597,2	65,1	3 580,4	3 074,4	502,4	5 068,9	480,5	3 829,3	0,1	743,3	96,5	1 786,4
April	1 330	10 690,1	63,1	3 575,2	3 068,4	503,7	5 078,4	493,8	3 832,7	0,1	733,6	97,0	1 876,4
Mai	1 330	10 674,3	61,0	3 599,6	3 088,9	507,2	5 088,1	495,0	3 838,3	0,1	737,5	97,2	1 828,4
	Kreditbanken												
2024 April	239	4 988,8	22,6	1715,0	1 620,0	94,4	1 674,5	332,0	1 056,2	0,1	274,9	30,3	1 546,5
Mai	239	4 957,4	21,9	1 724,2	1 626,5	97,1	1 677,3	334,1	1 057,9	0,1	276,6	30,5	1 503,5
	Großbanken												
2024 April	3	2 505,5	9,8	714,6	675,2	39,5	769,1	163,8	448,7	0,0	152,0	24,5	987,5
Mai	3	2 466,0	9,8	716,4	676,0	40,4	769,4	164,8	449,4	0,0	150,7	24,8	945,7
	Regionalbanken und sonstige Kreditbanken												
2024 April	127	1986,3	9,3	685,7	633,8	51,5	746,9	120,2	507,9	0,1	112,9	4,9	539,6
Mai	127	2 005,9	8,9	702,8	649,3	53,2	750,9	122,6	509,1	0,1	115,8	4,8	538,4
	Zweigstellen ausländischer Banken												
2024 April	109	497,1	3,5	314,7	311,1	3,4	158,5	48,0	99,7	-	9,9	0,9	19,5
Mai	109	485,4	3,2	305,0	301,3	3,5	157,0	46,7	99,5	-	10,1	0,9	19,4
	Landesbanken												
2024 April	6	894,6	2,2	336,1	279,0	56,7	431,5	47,1	344,2	0,0	37,5	9,6	115,2
Mai	6	900,7	2,5	341,9	284,8	56,8	434,3	46,6	345,0	0,0	38,5	9,6	112,4
	Sparkassen												
2024 April	352	1 552,2	20,4	269,3	148,5	120,8	1 220,1	54,4	997,8	-	167,8	16,7	25,8
Mai	352	1 555,5	19,3	273,4	153,0	120,3	1 220,1	54,1	998,0	-	117,8	20,5	31,7
	Kreditgenossenschaften												
2024 April	694	1 176,3	12,8	215,6	104,4	110,9	895,8	35,0	742,9	0,0	117,9	20,5	31,7
Mai	694	1 176,3	12,8	215,6	104,4	110,9	895,8	35,0	742,9	0,0	117,8	20,5	31,7

Quelle: Deutsche Bundesbank: Monatsbericht Juli 2024, 76. Jahrgang Nr. 7, Frankfurt am Main, 18.07.2024, Statistischer Teil S. 24, https://publikationen.bundesbank.de/publikationen-de/berichte-studien/monatsberichte/monatsbericht-juli-2024-928298, (25.8.2024)

Lernfeld 10: Gesamtwirtschaftliche Einflüsse analysieren und beurteilen

1 Wirtschaftskreislauf und Inlandsprodukt

P

1.1 Programmierte Aufgaben

1 In den folgenden Wirtschaftskreislauf sind einige wichtige Geldströme eingezeichnet (Nr. 01 bis 13). Kennzeichnen Sie die nachstehenden Transaktionen jeweils mit der korrekten Ziffer.

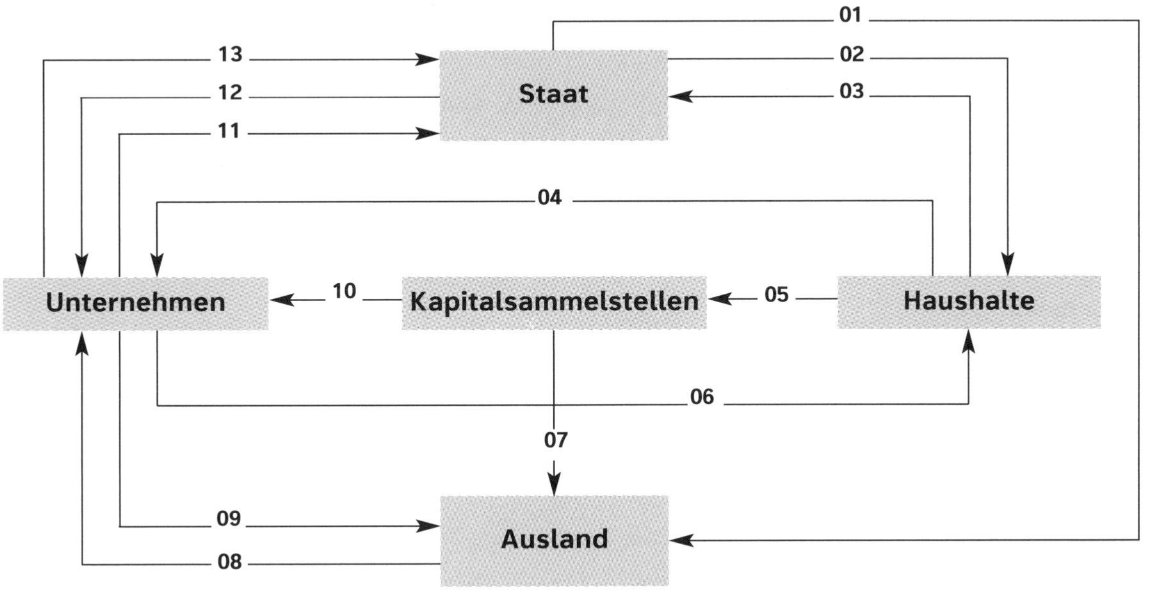

Transaktionen

a) Ein Beamter zahlt Steuern für sein Kraftfahrzeug. ☐☐
b) Eine Gemeinde zahlt Rechnungen im Zusammenhang mit dem Bau einer neuen Bücherei. ☐☐
c) Privatpersonen tätigen Konsumausgaben. ☐☐
d) Eine Unternehmerin verkauft Ware an einen dänischen Geschäftspartner. ☐☐
e) Der Bürgermeister einer Gemeinde erhält einen neuen Dienstwagen. ☐☐
f) Die Vorstandsvorsitzende einer Aktiengesellschaft zahlt Einkommensteuer. ☐☐
g) Ein Privatmann verpachtet ein Grundstück an ein Unternehmen. ☐☐
h) Eine Gemeinde gewährt Sozialhilfe an nicht arbeitsfähige Langzeitarbeitslose. ☐☐

2 Aus dem Jahresabschluss einer Maschinenfabrik liegen Ihnen folgende Zahlen vor:

Verkaufserlöse	750 000,00 €	Personalaufwand	300 000,00 €	Mieten	45 000,00 €
Vorleistungen	150 000,00 €	Abschreibungen	60 000,00 €	Zinsen	50 000,00 €

Ermitteln Sie

a) den Gewinn der Unternehmung, € ☐☐☐☐☐☐
b) die Bruttowertschöpfung, € ☐☐☐☐☐☐
c) die Nettowertschöpfung der Unternehmung. € ☐☐☐☐☐☐

3 Ordnen Sie den nachfolgenden Beschreibungen die jeweils zutreffende Einkommensart zu. **P**

1 Realeinkommen
2 Grundrente
3 Transfereinkommen
4 Unternehmereinkommen
5 Zins

a) Bezug von Sozialhilfeleistungen ☐
b) Entgelt für die Bereitstellung des Produktionsfaktors Boden ☐
c) Einkommen, das sich ergibt, wenn Änderungen der Kaufkraft des Geldes berücksichtigt werden ☐
d) Es handelt sich um ein variables Einkommen, dessen Höhe von der Kostenentwicklung im Unternehmen und seiner Absatzlage bestimmt ist. ☐

4 Aus der volkswirtschaftlichen Gesamtrechnung einer Volkswirtschaft sind Ihnen die nachfolgenden Zahlenangaben (GE = Geldeinheiten) bekannt:

Private Konsumausgaben	300 GE
Konsumausgaben des Staates	100 GE
Bruttoinvestitionen	200 GE
Abschreibungen	50 GE
Exporte	180 GE
Importe	130 GE
Produktions- und Importabgaben (indirekte Steuern)	80 GE
Subventionen	30 GE
direkte Steuern und Sozialabgaben	250 GE
Transferzahlungen	50 GE
Einkommen der Inländer aus dem Ausland	35 GE
Einkommen der Ausländer aus dem Inland	30 GE

Ermitteln Sie

a) das Bruttonationaleinkommen (Bruttosozialprodukt) zu Marktpreisen, GE ☐☐☐
b) das Volkseinkommen, GE ☐☐☐
c) das Bruttoinlandsprodukt, GE ☐☐☐
d) das verfügbare Volkseinkommen, GE ☐☐☐
e) das Sparen der privaten Haushalte, GE ☐☐
f) die Sparquote (in % des verfügbaren Volkseinkommens/auf eine Stelle nach dem Komma runden), % ☐☐,☐
g) den Außenbeitrag. GE ☐☐

5 Das Bruttoinlandsprodukt eines Landes beträgt 2 794,2 Mrd. GE, das Bruttonationaleinkommen 2 798,6 Mrd. GE.

a) Ermitteln Sie den Saldo der Primäreinkommen aus der übrigen Welt (Saldo der Erwerbs- und Vermögenseinkommen zwischen In- und Ausland). Mrd. GE ☐,☐
b) Kennzeichen Sie den in a) ermittelten Saldo mit ☐
1, wenn er mit einem Pluszeichen zu versehen ist,
9, wenn er mit einem Minuszeichen zu versehen ist.

P **6** Für eine Volkswirtschaft gelten die Werte:

- Bruttonationaleinkommen zu Marktpreisen: 15000 Geldeinheiten (GE),
- Saldo der Primäreinkommen aus der übrigen Welt: +40 GE,
- Produktions- und Importabgaben (indirekte Steuern): 1400 GE,
- Subventionen: 350 GE,
- Abschreibungen: 10 % des Wertes der Maschinen etc. (Kapitalstock),
- Kapitalstock: 8000 GE.

Ermitteln Sie:

a) Bruttoinlandsprodukt (zu Marktpreisen), GE ☐☐☐☐☐
b) Nettonationaleinkommen zu Marktpreisen, GE ☐☐☐☐☐
c) Volkseinkommen. GE ☐☐☐☐☐

7 Ermitteln Sie aus den folgenden Grunddaten

a) die Lohnquote (auf eine Stelle nach dem Komma gerundet), % ☐☐,☐
b) das Bruttoinlandsprodukt, Mrd. € ☐☐☐☐
c) den Saldo der Primäreinkommen aus der übrigen Welt (= Saldo der Erwerbs- und Vermögenseinkommen zwischen In- und Ausland). Mrd. € ☐☐

Grunddaten (Werte in Mrd. €)

Einkommen aus Unternehmertätigkeit und Vermögen	770
Volkseinkommen	2670
Außenbeitrag	+42
inländische Verwendung der gesamtwirtschaftlichen Nachfrage	3500
nachrichtlich: Bruttonationaleinkommen (Bruttosozialprodukt)	3508

8 Stellen Sie fest, wie sich die Lohnquote in den folgenden Fällen entwickelt. Nicht genannte Einflussgrößen bleiben jeweils unberücksichtigt.

Die Lohnquote

1 steigt,
2 sinkt,
3 bleibt unverändert.

Fälle

a) Die Gewinnquote steigt bei steigendem Volkseinkommen. ☐
b) Die Bruttoeinkommen aus unselbstständiger Arbeit erhöhen sich in geringerem Maße als das Volkseinkommen. ☐
c) Das Volkseinkommen sinkt bei sinkender Gewinnquote. ☐
d) Die Erträge aus Wertpapieranlagen steigen bei konstantem Volkseinkommen und konstantem Bruttoeinkommen aus unselbstständiger Arbeit. ☐

9 In einer Volkswirtschaft stieg die Arbeitsproduktivität (reales Bruttoinlandsprodukt je geleistete Arbeitsstunde) innerhalb eines Jahres um 5 %. Welcher der folgenden Gründe kann als Ursache für diese Entwicklung angesehen werden?

Gründe

☐ **P**

1 Die durchschnittliche Arbeitszeit je Erwerbstätigen stieg bei gleicher Erwerbstätigenzahl und sinkendem Bruttoinlandsprodukt.

2 Die Kapazitätsauslastung der eingesetzten Maschinen erhöhte sich.

3 Die Produktion (bewertet zu aktuellen Preisen) wuchs.

4 Das Qualifikationsniveau der Beschäftigten verbesserte sich.

5 Das Bruttoinlandsprodukt zu aktuellen Preisen sank.

10

In der Verwendungsrechnung des Bruttoinlandsprodukts werden folgende Größen unterschieden:

1 Private Konsumausgaben

2 Konsumausgaben des Staates

3 Ausrüstungen

4 Bauten

5 Sonstige Anlagen (z. B. EDV-Software, Urheberrechte, Nutztiere)

6 Vorratsveränderungen

7 Exporte

8 Importe

Stellen Sie bei den folgenden Sachverhalten jeweils fest, welche der o. g. Größen angesprochen wird. Tragen Sie eine **9** ein, wenn eine Zuordnung nicht möglich ist.

Sachverhalte

a) Für den Vorstandsvorsitzenden der Copec AG wird ein neuer Dienstwagen angeschafft. ☐

b) Familie Keller kauft eine neue Waschmaschine. ☐

c) Die Johnson Ltd., London, erwirbt eine Textilmaschine von der Düsseldorfer MbA AG. ☐

d) Der Rentner Oskar Weber erwirbt ein neues Betriebssystem für seinen PC. ☐

e) Bei der Coppel GmbH werden die Mai-Gehälter ausgezahlt. ☐

f) Innerhalb eines Monats erhöht sich bei der Gießerei Roth der Bestand an Gussteilen. ☐

11

An der Entstehung der volkswirtschaftlichen Gesamtleistung sind verschiedene Wirtschaftsbereiche beteiligt.

Kennzeichnen Sie die nachfolgenden Wirtschaftssubjekte jeweils mit der Ziffer des zutreffenden Wirtschaftsbereichs.

1 Produzierendes Gewerbe

2 Handel, Verkehr, Gastgewerbe

3 Information und Kommunikation

4 Finanz- und Versicherungsdienstleistungen

5 Grundstücks- und Wohnungswesen

Tragen Sie eine 6 ein, wenn eine Zuordnung nicht möglich ist.

Wirtschaftssubjekte

a) Rheinische Düngemittel Vertriebsgesellschaft eG ☐

b) Ruhrkohle AG ☐

c) Peter Schmitz, Coiffeur ☐

d) Supp AG Real Estate ☐

e) BBB Assekuranzmakler GmbH ☐

f) Vodafone GmbH ☐

g) Kurpark-Hotel Bein GmbH ☐

h) RWE AG ☐

P **12** Analysieren Sie die nachstehende Darstellung zu den öffentlichen Finanzen in Deutschland.

a) Ermitteln Sie (ungerade Ergebnisse auf eine Stelle nach dem Komma gerundet)

aa) den prozentualen Zuwachs der gesamten Staatsverschuldung (Schuldenstand) im ersten Quartal 2024 gegenüber 2017.

ab) den prozentualen Anteil der Länderschulden an der gesamten Staatsverschuldung im ersten Quartal 2024.

b) Welche der folgenden Aussagen zur Höhe der gesamten Staatsverschuldung in Prozent des Bruttoinlandsprodukts (BIP) ist zutreffend? ☐

Aussagen

Die Höhe der gesamten Staatsverschuldung in Prozent des BIP

1 hat eine Bedeutung im Zusammenhang mit dem Stabilitäts- und Wachstumspakt, in dem eine maximale Höhe von 80 % festgelegt ist.

2 zeigt an, ob die sogenannte „Schuldenbremse" eingehalten wird.

3 spielt eine Rolle bei der Aufnahme eines Landes in die Europäische Union.

4 gehört zu den sogenannten Konvergenzkriterien für die Aufnahme eines Landes in den Euroverbund.

5 ist im Grundgesetz geregelt.

	Gesamtstaat	**Bund**	**Länder**	**Gemeinden**	**Sozialversicherungen**	**Gesamtstaat**	**Bund**	**Länder**	**Gemeinden**	**Sozialversicherungen**
Zeit	**Mrd €**					**in % des BIP**				
	Finanzierungssaldo									
2017	+ 43,7	+ 7,9	+ 13,9	+ 10,7	+ 11,1	+ 1,3	+ 0,2	+ 0,4	+ 0,3	+ 0,3
2018	+ 65,6	+ 21,0	+ 12,0	+ 16,7	+ 16,0	+ 1,9	+ 0,6	+ 0,4	+ 0,5	+ 0,5
2019	+ 53,0	+ 21,5	+ 14,0	+ 8,4	+ 9,1	+ 1,5	+ 0,6	+ 0,4	+ 0,2	+ 0,3
2020	− 147,7	-87,1	− 32,6	+ 6,9	− 34,8	− 4,3	− 2,6	− 1,0	+ 0,2	− 1,0
2021	− 129,7	-144,2	+ 5,6	+ 6,2	+ 2,6	− 3,6	− 4,0	+ 0,2	+ 0,2	+ 0,1
2022	− 96,9	-124,3	+ 14,4	+ 4,7	+ 8,3	− 2,5	− 3,2	+ 0,4	+ 0,1	+ 0,2
2023	− 99,1	-90,5	− 5,3	− 12,1	+ 8,8	− 2,4	− 2,2	− 0,1	− 0,3	+ 0,2
2022 1.Hj.	− 4,6	-36,2	+ 18,2	+ 5,8	+ 7,7	− 0,2	− 1,9	+ 1,0	+ 0,3	+ 0,4
2.Hj.	− 92,3	-88,0	− 3,8	− 1,1	+ 0,6	− 4,7	− 4,4	− 0,2	− 0,1	+ 0,0
2023 1.Hj.	− 37,9	-43,3	− 2,2	− 2,9	+ 10,4	− 1,9	− 2,1	− 0,1	− 0,1	+ 0,5
2.Hj.	− 61,2	-47,2	− 3,0	− 9,2	− 1,7	− 2,9	− 2,2	− 0,1	− 0,4	− 0,1
	Schuldenstand							**Stand am Jahres - bzw. Quartalsende**		
2017	2 130,3	1 361,5	616,8	168,3	0,8	65,2	41,7	18,9	5,2	0,0
2018	2 083,7	1 334,5	603,2	162,2	0,7	61,9	39,7	17,9	4,8	0,0
2019	2 069,9	1 312,3	612,7	161,4	0,9	59,6	37,8	17,6	4,6	0,0
2020	2 340,8	1 526,5	664,4	163,2	7,6	68,8	44,8	19,5	4,8	0,2
2021	2 495,5	1 679,3	665,3	165,3	0,6	69,0	46,4	18,4	4,6	0,0
2022	2 561,7	1 776,0	634,2	172,2	2,8	66,1	45,8	16,4	4,4	0,1
2023	2 622,7	1 850,1	623,1	177,7	2,6	63,6	44,9	15,1	4,3	0,1
2022 1.Vj.	2 499,1	1 684,3	663,4	164,9	3,4	67,6	45,6	17,9	4,5	0,1
2.Vj.	2 537,4	1 723,4	660,2	166,8	3,7	67,4	45,8	17,5	4,4	0,1
3.Vj.	2 551,3	1 757,0	643,8	166,6	4,2	66,8	46,0	16,9	4,4	0,1
4.Vj.	2 561,7	1 776,0	634,2	172,2	2,8	66,1	45,8	16,4	4,4	0,1
2023 1.Vj.	2 587,2	1 798,7	632,0	173,0	3,5	65,6	45,6	16,0	4,4	0,1
2.Vj.	2 586,5	1 806,1	624,2	172,8	2,7	64,6	45,1	15,6	4,3	0,1
3.Vj.	2 627,2	1 848,6	621,6	175,5	3,8	64,6	45,5	15,3	4,3	0,1
4.Vj.	2 622,7	1 850,1	623,1	177,7	2,6	63,6	44,9	15,1	4,3	0,1
2024 1.Vj.	2 635,9	1 856,3	630,8	180,6	3,0	63,4	44,6	15,2	4,3	0,1

Deutsche Bundesbank: Monatsbericht Juli 2024, 76. Jahrgang Nr. 7, Frankfurt am Main, 18.07.2024, Statistischer Teil S. 58, https://publikationen.bundesbank.de/publikationen-de/berichte-studien/monatsberichte/monatsbericht-juli-2024-928298, (25.8.2024)

P

13 Welche der nachstehenden Aussagen zur Entwicklung von Ersparnis in absoluter Höhe, Ersparnis in Prozent des verfügbaren (Volks-)Einkommens und verfügbarem (Volks-)Einkommen ist gemäß der folgenden Übersicht korrekt? ☐

Übersicht

	Ersparnis (Mrd. €)	Sparquote (Ersparnis in % des verfügbaren Einkommens)
2021	313,00	14,9
2022	248,20	11,1
2023	266,90	11,3

Aussagen

Während des angegebenen Zeitraums weisen

1 alle drei o.g. Werte eine parallele Entwicklung,

2 nur die Ersparnis in Prozent des verfügbaren (Volks-)Einkommens und das verfügbare (Volks-)Einkommen eine parallele Entwicklung,

3 nur die Ersparnis in absoluter Höhe und das verfügbare (Volks-)Einkommen eine parallele Entwicklung,

4 nur die Ersparnis in Prozent des verfügbaren (Volks-)Einkommens und die Ersparnis in absoluter Höhe eine parallele Entwicklung,

5 alle drei o.g. Werte eine unterschiedliche Entwicklung auf.

14 In einem Armuts- und Reichtumsbericht des Bundesarbeitsministeriums wird u.a. ausgeführt, dass den vermögensstärksten 10 % der Haushalte mehr als die Hälfte des gesamten Nettovermögens gehört. Der Anteil des obersten Zehntels sei dabei „im Zeitverlauf immer weiter gestiegen". Vor zehn Jahren belief er sich gemäß den amtlichen Zahlen auf 45 %, heute befinden sich in den Händen dieser Gruppe der reichsten Haushalte bereits 52 % des Nettogesamtvermögens, während die untere Hälfte der deutschen Haushalte nur über etwa 3 % verfügt. ☐

In welcher der nachstehenden Darstellungen wird die o. g. aktuelle Vermögensverteilung korrekt wiedergegeben?

1

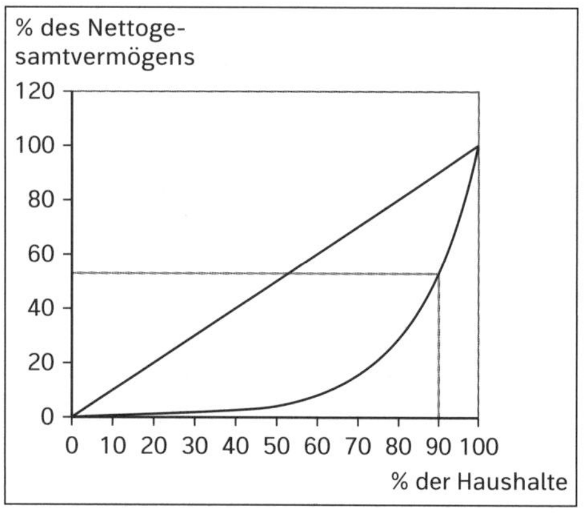

2

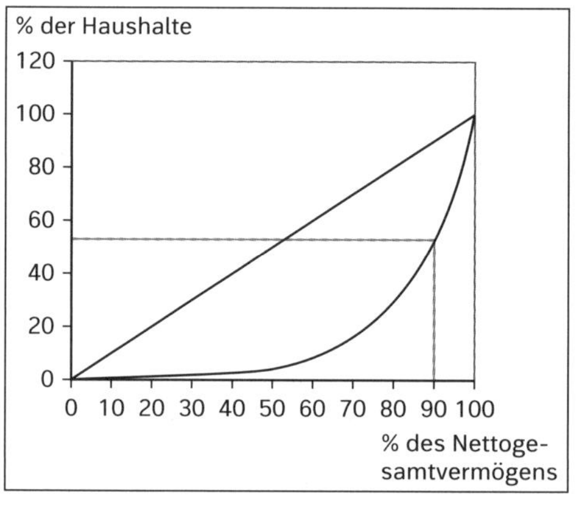

3

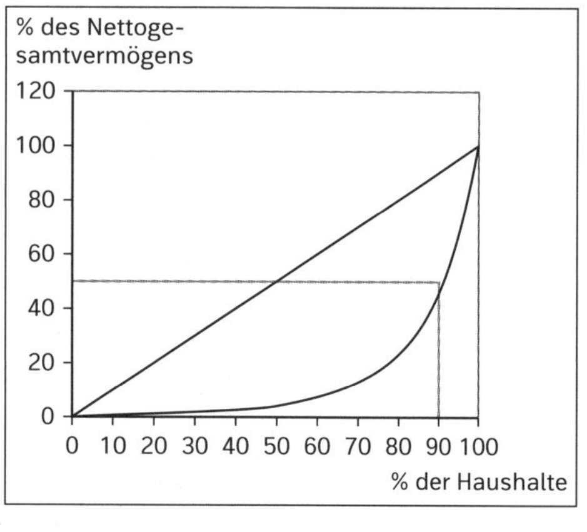

4

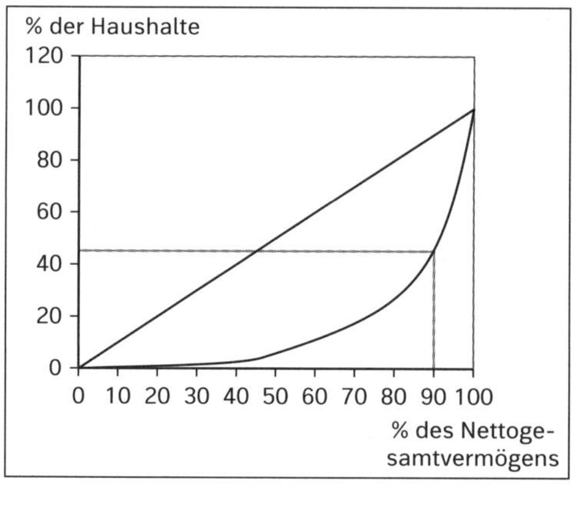

P **15** Die nebenstehende Statistik ist einem Monatsbericht der Deutschen Bundesbank entnommen.

a) Um wie viel Prozent hat sich das reale Bruttoinlandsprodukt im Jahr 2023 gegenüber dem Jahr 2015 verändert? % ☐,☐

Geben Sie an, ob es sich um eine ☐

1 Steigerung oder

2 Senkung

handelt.

b) Welche der nachstehenden Aussagen zur Entwicklung des realen Bruttoinlandsprodukts (BIP) ist zutreffend?

Aussagen ☐

Das reale Bruttoinlandsprodukt ist 2023 gegenüber 2022

1 um mehr als 2 Prozentpunkte gesunken.

2 um genau 2 Prozentpunkte gesunken.

3 um weniger als 2 Prozentpunkte gesunken.

4 weniger stark gesunken als das nominale Bruttoinlandsprodukt.

5 unverändert geblieben.

c) Welche der folgenden Aussagen zur Entwicklung der auf eine Stelle nach dem Komma gerundeten Lohnquote von 2022 auf 2023 ist zutreffend? ☐

Aussagen

Die Lohnquote ist

1 um weniger als einen Prozentpunkt gestiegen.

2 um mehr als einen Prozentpunkt gestiegen.

3 um weniger als einen Prozentpunkt gesunken.

4 um mehr als einen Prozentpunkt gesunken.

5 unverändert geblieben.

d) Welche der folgenden Aussagen zum Saldo der Primäreinkommen aus der übrigen Welt (Saldo der Erwerbs- und Vermögenseinkommen zwischen In- und Ausland) für 2023 ist zutreffend? ☐

Aussagen

Der Saldo der Primäreinkommen aus der übrigen Welt betrug im Jahr 2023:

1 + 1 206,4

2 – 1 206,4

3 + 165,6

4 – 165,6

5 + 260,2

	2021	2022	2023
Position	Index 2015 = 100		
Preisbereinigt, verkettet			
I. Entstehung des Inlandsprodukts			
Produzierendes Gewerbe (ohne Baugewerbe)	108,2	107,6	106,0
Baugewerbe	97,4	94,1	93,7
Handel, Verkehr, Gastgewerbe	102,8	106,3	105,2
Information und Kommunikation	130,1	136,5	140,4
Erbringung von Finanz- und Versicherungsdienstleistungen	100,8	105,0	103,9
Grundstücks- und	102,6	103,5	104,7
Wohnungswesen	109,7	112,5	113,1
Unternehmensdienstleister			
Öffentliche Dienstleister, Erziehung und Gesundheit	106,8	109,6	111,1
Sonstige Dienstleister	90,3	95,7	97,7
Bruttowertschöpfung	106,1	107,9	107,9
Bruttoinlandsprodukt	106,3	108,2	108,0
II. Verwendung des Inlandsprodukts			
Private Konsumausgaben	102,4	106,4	105,6
Konsumausgaben des Staates	117,5	119,3	118,1
Ausrüstungen	103,4	107,5	110,5
Bauten	110,0	108,0	105,1
Sonstige Anlagen	116,7	115,8	115,1
Vorratsveränderungen	.	.	.
Inländische Verwendung	108,4	111,8	110,7
Außenbeitrag	.	.	.
Exporte	111,8	115,5	114,8
Importe	118,0	125,9	122,8
Bruttoinlandsprodukt	106,3	108,2	108,0
In jeweiligen Preisen (Mrd €)			
III. Verwendung des Inlandsprodukts			
Private Konsumausgaben	1 785,5	1 979,3	2 090,6
Konsumausgaben des Staates	796,8	850,9	891,5
Ausrüstungen	227,5	253,4	275,1
Bauten	406,5	463,5	486,0
Sonstige Anlagen	136,5	139,3	141,9
Vorratsveränderungen	69,4	114,1	50,2
Inländische Verwendung	3 422,2	3 800,5	3 935,3
Außenbeitrag	195,3	76,3	186,9
Exporte	1 710,3	1 974,2	1 973,3
Importe	1 515,0	1 897,9	1 786,4
Bruttoinlandsprodukt	3 617,5	3 876,8	4 122,2
IV. Preise (2015 = 100)			
Privater Konsum	108,8	116,1	123,5
Bruttoinlandsprodukt	112,5	118,4	126,1
Terms of Trade	99,8	95,0	99,1
V. Verteilung des Volkseinkommens			
Arbeitnehmerentgelt	1 918,3	2 023,6	2 159,4
Unternehmens- und Vermögenseinkommen	851,0	867,4	921,9
Volkseinkommen	2 769,3	2 890,9	3 081,4
Nachr.: Bruttonationaleinkommen	3 756,8	4 027,6	4 287,8

Quelle: Deutsche Bundesbank: Monatsbericht Juli 2024, 76. Jahrgang Nr. 7, Frankfurt am Main, 18.07.2024, Statistischer Teil S. 66, https://publikationen.bundesbank.de/publikationen-de/berichte-studien/monatsberichte/monatsbericht-juli-2024-928298, (25.8.2024)

1.2 Konventionelle Aufgaben

K

1 In den nachfolgenden Abbildungen wird der Wirtschaftskreislauf einer geschlossenen Volkswirtschaft im Modell dargestellt.

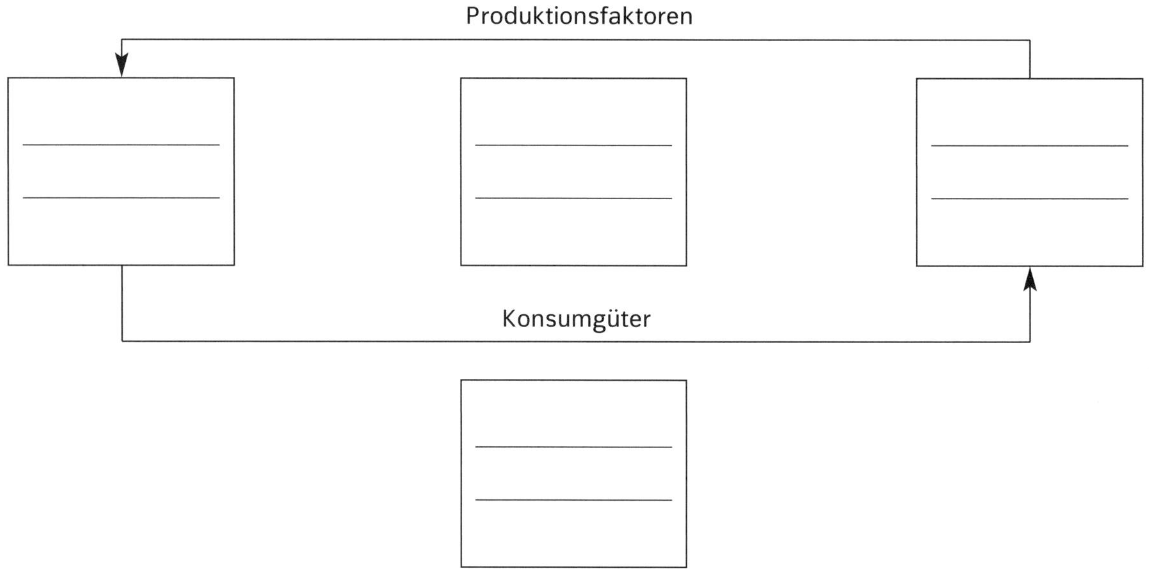

a) Nennen Sie die Teilnehmer am Wirtschaftskreislauf.
b) Tragen Sie die fehlenden Abschnitte des Wirtschaftskreislaufs in das Modell ein.

2 Für eine Volkswirtschaft gelten folgende Werte:

- Faktoreinkommen der privaten Haushalte aus Faktorleistungen an private Unternehmen: 200 000 GE,
- Gehaltszahlungen des Staates für Beamte/Angestellte: 20 000 GE,
- privater Konsum: 150 000 GE,
- Steuern der privaten Haushalte: 36 000 GE,
- Subventionen des Staates: 4 000 GE,
- Ausgaben des Staates für Konsumgüter: 32 000 GE,
- Steuerzahlungen der Unternehmen: 24 000 GE,
- Außenbeitrag: 5 000 GE.

Ermitteln Sie

a) die den Haushalten für Konsumausgaben und Ersparnis zur Verfügung stehenden Geldmittel,
b) die den Unternehmen über die Ersparnis der Haushalte für Investitionen zur Verfügung stehenden Geldmittel,
c) die
   ca) Einnahmen sowie
   cb) Ausgaben

des Staates.

3 In einer Statistik zum Bruttoinlandsprodukt lesen Sie folgende Werte:

- Vorratsveränderungen 2023: 10,5 Mrd. €
- Vorratsveränderungen 2024: – 20,4 Mrd. €

Erläutern Sie, was diese Werte bedeuten.

K **4** Vervollständigen Sie das nachstehende Schema:

Begriff	Erläuterung
Bruttoinlandsprodukt	
+ Primäreinkommen der ...	
– Primäreinkommen der ...	
= Bruttonationaleinkommen	
– Abschreibungen	
= Nettonationaleinkommen	
– Produktions- und Importabgaben	z. B. – –
+ Subventionen an Unternehmen	z. B. – –
= Volkseinkommen	Zusammensetzung: – –
– direkte Steuern der privaten Haushalte	z. B.
– Sozialabgaben	z. B. – –
+ Transferzahlungen an private Haushalte	z. B. – –
= verfügbares Einkommen der privaten Haushalte	Verwendung für: – –

5 In einer Volkswirtschaft liegen u. a. folgende Werte vor:

Werte für 2024/Mrd. €	in jeweiligen Preisen	in Preisen des Vorjahres
Bruttoinlandsprodukt	2063,0	1979,6
Inländische Verwendung des Inlandsprodukts	2023,9	1913,2
Exporte	721,4	689,9
Ausrüstungen	167,2	165,5
Vorratsveränderungen	– 5,2	– 14,1

Ermitteln Sie mithilfe dieser Werte jeweils in Mrd. €

a) die Höhe der realen Importe,
b) die nominalen Lagerinvestitionen,
c) das nominale Bruttonationaleinkommen (Bruttosozialprodukt) bei einem negativen Saldo der Primäreinkommen aus der übrigen Welt (Saldo der Erwerbs- und Vermögenseinkommen zwischen In- und Ausland) von 8,4 Mrd. €,
d) das reale Bruttoinlandsprodukt im Jahr 2023 bei einer Wachstumsrate 2024 von 1,8 % (auf ganze Mrd. € runden).

6 Gehen Sie von folgender Statistik eines Landes aus: **K**

Verwendung des Inlandsprodukts

in Mrd. GE	2020	2021	2022	2023	2024
in jeweiligen Preisen					
Privater Verbrauch	1321	1449	1536	1589	1645
Staatsverbrauch	444	467	503	509	520
Ausrüstungen	235	264	258	213	207
Bauten	273	299	329	339	358
Vorratsinvestitionen	+ 12	+ 20	– 3	– 12	+ 10
Ausfuhr	884	998	1062	1043	1112
Einfuhr	720	829	866	838	903
Bruttoinlandsprodukt	2449	2668	2819	2843	2949
Bruttonationaleinkommen	2426	2648	2813	2854	2979
in Preisen des Basisjahres					
Privater Verbrauch	1370	1449	1480	1483	1496
Staatsverbrauch	465	467	485	480	485
Ausrüstungen	241	264	253	205	203
Bauten	291	299	312	310	322
Vorratsinvestitionen	+ 15	+ 20	– 1	– 7	+ 14
Ausfuhr	899	998	1047	1016	1074
Einfuhr	738	829	877	851	913

a) Erläutern Sie anhand der obigen Zahlenwerte den Begriff Basisjahr.

b) Welcher inländische Verwendungsbereich (privater Verbrauch, Staatsverbrauch, Bruttoinvestitionen) trug jeweils – gemessen in absoluten Werten – am meisten zum Anstieg
   ba) des realen Bruttoinlandsprodukts,
   bb) des nominalen Bruttoinlandsprodukts im Jahr 2024 bei?

c) Nehmen Sie begründet Stellung zur Entwicklung des Einfuhrpreisniveaus im Jahr 2024.

7 In einer geschlossenen Volkswirtschaft mit den Wirtschaftssektoren private Haushalte, Unternehmen, Staat und Kreditinstitute fließen ausschließlich die nachfolgenden monetären Ströme (GE = Geldeinheiten):

Faktoreinkommen der privaten Haushalte	900 GE
privater Konsum	700 GE
staatlicher Konsum	260 GE
direkte Steuern und Sozialabgaben	
der Unternehmen	160 GE
der privaten Haushalte	140 GE
indirekte Steuern	30 GE
Transferzahlungen an private Haushalte	80 GE
Subventionen an Unternehmen	60 GE

Ermitteln Sie

a) das Gesamteinkommen der privaten Haushalte,
b) das tatsächlich verfügbare Einkommen der privaten Haushalte,
c) die Ersparnis der privaten Haushalte,
d) das Budgetdefizit bzw. den Budgetüberschuss des Staates.

K **8** Stellen Sie unter Verwendung der folgenden Tabelle die Brutto- und Nettolöhne und -gehälter eines europäischen Landes für die Jahre 2019 bis 2024 gegenüber und interpretieren Sie die Ergebnisse.

Arbeitnehmerentgelt, Löhne und Gehälter

Jahr	Arbeitnehmerentgelt	Sozialbeiträge der Arbeitgeber	Bruttolöhne und -gehälter (Sp. 1–2)	Abzüge der Arbeitnehmer: insgesamt (Sp. 5+6)	Abzüge der Arbeitnehmer: Sozialbeiträge	Abzüge der Arbeitnehmer: Lohnsteuer	Nettolöhne und -gehälter (Sp. 3–4)	Nachrichtlich (monatlich je Arbeitnehmer): Arbeitnehmerentgelt	Nachrichtlich (monatlich je Arbeitnehmer): Bruttolöhne und -gehälter	Nachrichtlich (monatlich je Arbeitnehmer): Nettolöhne und -gehälter
	1	2	3	4	5	6	7	8	9	10
	Mrd. €							€		
2019	1 283,81	244,76	1 039,04	336,87	179,97	156,90	702,17	2 931	2 372	1 603
2020	1 339,73	251,08	1 088,65	359,25	190,97	168,28	729,40	3 020	2 454	1 644
2021	1 391,20	258,18	1 133,02	376,18	197,52	178,67	756,84	3 096	2 521	1 684
2022	1 430,04	262,52	1 167,52	389,09	201,73	187,37	778,43	3 152	2 573	1 716
2023	1 485,45	272,46	1 212,99	405,87	209,26	196,61	807,12	3 241	2 646	1 761
2024	1 539,85	279,23	1 260,62	424,06	216,87	207,19	836,56	3 321	2 719	1 804

9 Sie lesen folgende Ausführungen in einer Tageszeitung:

„Im Jahr 2023 verzeichnete die deutsche Wirtschaft ein Minuswachstum. Dennoch stieg das Volkseinkommen deutlich auf 3 081 Mrd. €. Das Bruttonationaleinkommen erreichte einen Wert von 4 288 Mrd. €. Auch die Unternehmens- und Vermögenseinkommen stiegen."

Untersuchen Sie mithilfe dieser Information und der nachstehenden Darstellung folgende Aspekte:

Höhe der Unternehmens und Vermögenseinkommen 2023 in Mrd. €

- Saldo der Erwerbs- und Vermögenseinkommen zwischen In- und Ausland 2023
- Feststellung der beiden Jahre mit dem geringsten nominalen Wachstum
- Höhe des 2023 auf den privaten Konsum entfallenden Anteils am Bruttoinlandsprodukt

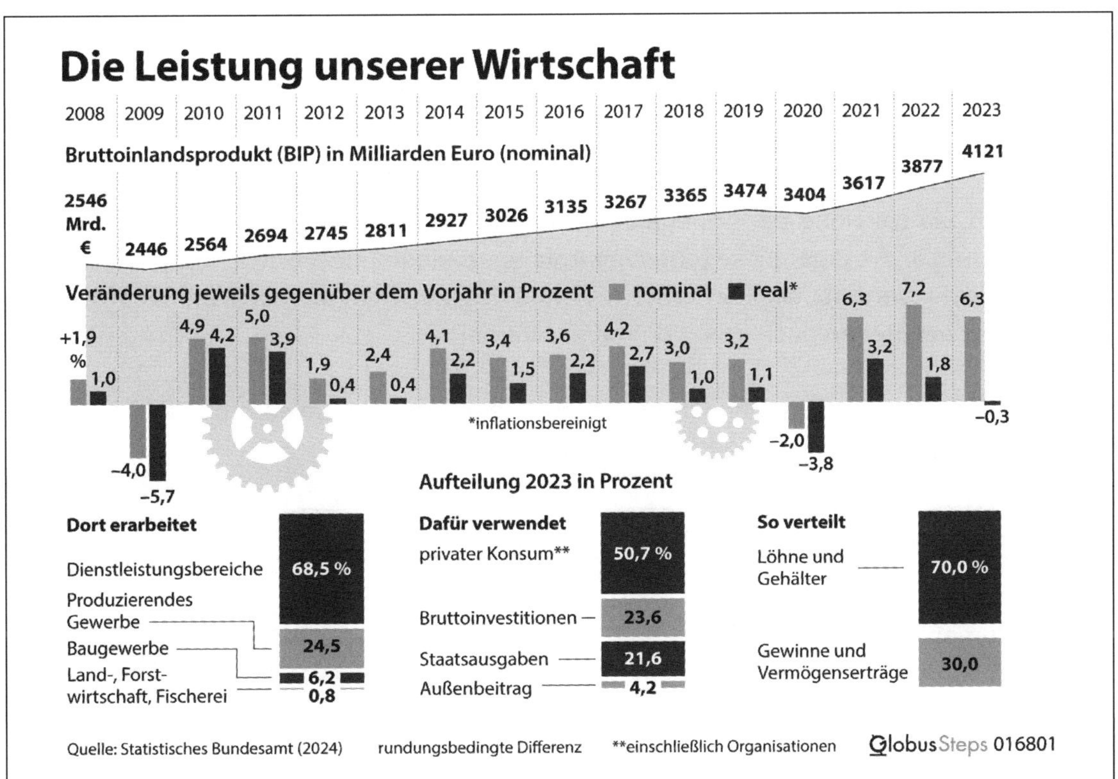

10 In einer Volkswirtschaft wurden 2023 und 2024 folgende Werte zum Bruttoinlandsprodukt (BIP) ermittelt: **K**

	Mrd. GE 2023	Mrd. GE 2024
in jeweiligen Preisen		
Privater Verbrauch	522,4	533,4
Öffentlicher Verbrauch	180,1	188,2
Bruttoinvestitionen	179,4	188,5
davon:		
Ausrüstungen	75,1	81,5
Bauten	99,0	101,4
Vorräte		
Verbrauch und Investitionen im Inland	873,5	910,1
Ausfuhr	321,6	319,7
Einfuhr	289,3	269,7
Außenbeitrag	32,3	50,0
in Preisen des Basisjahres		
Privater Verbrauch	428,4	445,6
Öffentlicher Verbrauch	155,5	158,9
Bruttoinvestitionen	158,6	164,2
davon:		
Ausrüstungen	64,0	78,8
Bauten	88,6	89,3
Vorräte		
Verbrauch und Investitionen im Inland	742,4	768,7
Ausfuhr	271,4	272,1
Einfuhr	232,1	239,3
Außenbeitrag	39,3	32,8

a) Berechnen Sie die Höhe der nominalen und realen Vorratsveränderungen für 2023 und beschreiben Sie die Ergebnisse (sonstige Anlagen bleiben unberücksichtigt).

b) Um wie viel Prozent hat sich der reale Außenbeitrag 2024 gegenüber dem Vorjahr verändert? (Auf zwei Stellen nach dem Komma gerundet.)

11 Auf welche Größen im Zusammenhang mit dem Inlandsprodukt/Sozialprodukt (vgl. Aufg. 6 und 10) beziehen sich die folgenden Aussagen?

Aussagen

a) Das nominale Wirtschaftswachstum (Inländerkonzept) entsprach den vorherigen Erwartungen.

b) Dem Volumen nach war nur eine geringe Steigerung bei den Exporten zu verzeichnen.

c) In aktuellen Preisen lag die Nachfrage der öffentlichen Haushalte unter dem Niveau des Vorjahres.

d) Die gesamtwirtschaftliche Produktion innerhalb der geografischen Grenzen des Landes hat sich nominal erhöht.

e) Die nominal hohen Überschüsse der Einnahmen aus Waren- und Dienstleistungsexporten über die entsprechenden Ausgaben waren vor allem auf die gestiegene Auslandsnachfrage zurückzuführen.

K **12** Beurteilen Sie kritisch die folgende Aussage eines Gewerkschaftsführers:

„Die Einkommenssituation der Arbeitnehmerinnen und Arbeitnehmer hat sich erheblich verschlechtert. Dies sieht man schon daran, dass die Lohnquote in den letzten Jahren stetig gesunken ist."

13 In einer Statistik zur Einkommensverteilung werden unterschieden:

- Arbeitnehmereinkommen,
- Unternehmereinkommen,
- Einkommen aus Privatvermögen.

a) Erläutern Sie die Begriffe Lohnquote und Gewinnquote vor dem Hintergrund dieser Unterscheidung.
b) Stellen Sie den Produktionsfaktoren Arbeit, Boden und (Geld-)Kapital jeweils zuzuordnende Einkommensarten gegenüber und leiten Sie anhand dieser Gegenüberstellung die Größe „Einkommen aus Privatvermögen" ab.

14 Begründen Sie, weshalb die Höhe und das Wachstum des Bruttonationaleinkommens (Bruttosozialprodukts) bzw. Bruttoinlandsprodukts nur bedingt als Wohlstandsindikator angesehen werden können.

15 Das reale Bruttoinlandsprodukt eines Landes stieg innerhalb eines Jahres von 2960,0 Mrd. Geldeinheiten (GE) auf 3048,8 Mrd. GE. Gleichzeitig stieg der Index für das Bruttoinlandsprodukt je geleistete Arbeitsstunde um 5,5 Punkte auf 115,5 Punkte. Welche Schlussfolgerung lässt sich aus der Entwicklung dieser Zahlenwerte ziehen?

F

1.3 Fallaufgaben

1 Im Zusammenhang mit einer Analyse zur wirtschaftlichen Lage in Deutschland und im Eurowährungsraum sollen u. a. die nachstehenden Statistiken ausgewertet werden. Hierzu steuern Sie Ergebnisse zu einigen Aspekten bei.

Aspekte	Ergebnisse
Anteil des deutschen Bruttoinlandsprodukts am Bruttoinlandsprodukt des Eurowährungsraumes auf Basis der Daten des Jahres 2023 (nominale Werte)	
Vergleich des Verhältnisses von inländischer Verwendung des Inlandsprodukts zum gesamten Inlandsprodukt (nominale Betrachtung) in Deutschland und im Eurowährungsraum auf Basis der Daten des Jahres 2023	
Vergleich der realen Wachstumsraten (Deutschland und Eurowährungsraum) in den Jahren 2022 und 2023	
Vergleich der realen Wachstumsraten (Deutschland und Eurowährungsraum) im 1. Quartal 2024	
Vergleich der Anteile der privaten Konsumausgaben 2023 (Deutschland und Eurowährungsraum) am nominalen Bruttoinlandsprodukt	

2 Bei der Fundamentalanalyse von Aktien unterscheidet man die Global- und die Einzelwertanalyse.

Durch die Globalanalyse sollen Aussagen über das gesamtwirtschaftliche und branchenmäßige Umfeld einer Aktiengesellschaft gewonnen werden. Bei der Einzelwertanalyse werden bestimmte Aktien darauf untersucht, ob sie aufgrund der Ertragskraft der Aktiengesellschaft über ein entsprechendes Kurssteigerungspotenzial verfügen.

BWL-Lehrbuch

a) Erläutern Sie zwei Kennzahlen, die im Zusammenhang mit der Einzelwertanalyse von Bedeutung sind.
b) Erläutern Sie mithilfe der nachstehenden Statistiken drei Größen, die für eine Globalanalyse von Bedeutung sein können.

F

Entstehung und Verwendung des Inlandsprodukts, Verteilung des Volkseinkommens

Position	2021	2022	2023	2021	2022	2023	2022 3.Vj.	2022 4.Vj.	2023 1.Vj.	2023 2.Vj.	2023 3.Vj.	2023 4.Vj.	2024 1.Vj.
	Index 2015 = 100			Veränderung gegen Vorjahr in %									
Preisbereinigt, verkettet													
I. Entstehung des Inlandsprodukts													
Produzierendes Gewerbe (ohne Baugewerbe)	108,2	107,6	106,0	7,4	-0,5	-1,5	0,3	-2,1	1,2	-1,2	-3,3	-2,7	-4,7
Baugewerbe	97,4	94,1	93,7	-5,3	-3,3	-0,4	-4,9	-7,0	-1,9	-1,1	0,8	0,3	-0,9
Handel, Verkehr, Gastgewerbe	102,8	106,3	105,2	1,2	3,3	-1,0	1,6	-0,9	0,3	-1,7	-1,3	-1,2	-0,5
Information und Kommunikation	130,1	136,5	140,4	7,8	5,0	2,8	6,8	3,8	2,8	3,2	2,5	2,9	1,9
Erbringung von Finanz- und Versicherungsdienstleistungen	100,8	105,0	103,9	6,8	4,2	-1,1	2,9	6,3	1,5	-0,7	-1,4	-3,7	-1,2
Grundstücks- und Wohnungswesen	102,6	103,5	104,7	1,4	0,8	1,1	0,8	-0,3	0,9	0,6	1,6	1,4	1,2
Unternehmensdienstleister [1]	109,7	112,5	113,1	4,6	2,6	0,5	1,0	1,0	-0,1	0,5	0,7	0,9	0,7
Öffentliche Dienstleister, Erziehung und Gesundheit	106,8	109,6	111,1	1,2	2,7	1,4	2,5	3,1	3,0	1,3	0,4	0,9	0,8
Sonstige Dienstleister	90,3	95,7	97,7	0,2	6,0	2,0	2,4	5,7	2,1	1,4	1,5	3,1	1,7
Bruttowertschöpfung	106,1	107,9	107,9	3,3	1,7	0,1	1,3	0,3	1,0	-0,0	-0,5	-0,2	-0,9
Bruttoinlandsprodukt [2]	106,3	108,2	108,0	3,2	1,8	-0,2	1,2	0,2	0,5	-0,3	-0,5	-0,4	-0,9
II. Verwendung des Inlandsprodukts													
Private Konsumausgaben [3]	102,4	106,4	105,6	1,5	3,9	-0,7	1,8	0,2	-0,1	-0,6	-1,6	-0,4	0,0
Konsumausgaben des Staates	117,5	119,3	118,1	3,1	1,6	-1,0	0,1	0,1	-2,3	-2,6	0,0	0,8	1,5
Ausrüstungen	103,4	107,5	110,5	2,8	4,0	2,8	9,5	4,9	7,1	4,5	1,4	-1,0	-4,4
Bauten	110,0	108,0	105,1	-2,6	-1,8	-2,7	-1,6	-4,8	-4,1	-2,4	-2,0	-2,3	-2,1
Sonstige Anlagen [4]	116,7	115,8	115,1	2,1	-0,7	-0,6	-1,3	1,0	-0,8	-0,8	-0,6	-0,3	-0,5
Vorratsveränderungen [5][6]	-	-	-	0,9	0,7	-0,3	1,7	1,3	0,2	0,2	-0,8	-0,8	-0,9
Inländische Verwendung	108,4	111,8	110,7	2,5	3,2	-1,1	3,1	1,2	-0,5	-0,7	-1,7	-1,3	-1,2
Außenbeitrag [6]	-	-	-	0,9	-1,2	0,8	-1,8	-0,9	0,8	0,4	1,3	1,0	0,3
Exporte	111,8	115,5	114,8	9,7	3,3	-0,7	5,3	-0,2	3,0	-0,3	-2,6	-2,7	-2,8
Importe	118,0	125,9	122,8	8,9	6,6	-2,4	10,3	1,8	1,6	-1,1	-5,2	-4,7	-3,8
Bruttoinlandsprodukt [2]	106,3	108,2	108,0	3,2	1,8	-0,2	1,2	0,2	0,5	-0,3	-0,5	-0,4	-0,9
In jeweiligen Preisen (Mrd €)													
III. Verwendung des Inlandsprodukts													
Private Konsumausgaben [3]	1785,5	1979,3	2090,6	4,5	10,9	5,6	9,3	8,5	8,1	6,3	4,4	4,0	2,9
Konsumausgaben des Staates	796,8	850,9	891,5	6,3	6,8	4,8	5,7	5,8	2,1	4,2	6,8	5,9	7,4
Ausrüstungen	227,5	253,4	275,1	4,8	11,4	8,6	18,1	13,1	15,1	11,3	6,4	3,3	-1,9
Bauten	406,5	463,5	486,0	5,7	14,0	4,9	13,3	9,9	10,0	5,3	3,4	1,2	0,1
Sonstige Anlagen [4]	136,5	139,3	141,9	3,8	2,1	1,9	1,9	2,2	1,6	1,9	2,1	1,9	1,0
Vorratsveränderungen [5]	69,4	114,1	50,2	-	-	-	-	-	-	-	-	-	-
Inländische Verwendung	3422,2	3800,5	3935,3	6,7	11,1	3,5	11,3	8,1	5,8	3,8	1,9	2,9	2,0
Außenbeitrag	195,3	76,3	186,9	-15,6	-15,4	-	-19,0	-	-	-	-	-	-
Exporte	1710,3	1974,2	1973,3	18,2	25,3	-0,0	33,3	9,1	7,9	0,4	-4,6	-3,3	-2,3
Importe	1515,0	1897,9	1786,4			-5,9		13,4	4,7	-4,6	-12,9	-9,1	-6,4
Bruttoinlandsprodukt [2]	3617,5	3876,8	4122,2	6,3	7,2	6,3	5,8	6,2	7,4	6,2	6,2	5,6	3,6
IV. Preise (2015 = 100)													
Privater Konsum	108,8	116,1	123,5	3,0	6,7	6,4	7,4	8,3	8,2	6,9	6,0	4,5	2,9
Bruttoinlandsprodukt	112,5	118,4	126,1	3,0	5,3	6,5	4,5	6,0	6,9	6,6	6,7	6,0	4,6
Terms of Trade	99,8	95,0	99,1	-2,9	-4,9	4,3	-6,5	-1,9	1,7	4,4	6,7	4,2	3,2
V. Verteilung des Volkseinkommens													
Arbeitnehmerentgelt	1918,3	2023,6	2159,4	3,5	5,5	6,7	4,3	5,4	6,7	7,1	7,2	6,0	6,2
Unternehmens- und Vermögenseinkommen	851,0	867,4	921,9	19,5	1,9	6,3	3,8	-0,6	9,0	9,5	5,7	1,0	-5,7
Volkseinkommen	2769,3	2890,9	3081,4	7,9	4,4	6,6	4,2	3,7	7,4	7,8	6,7	4,7	2,2
Nachr.: Bruttonationaleinkommen	3756,8	4027,6	4287,8	7,3	7,2	6,5	5,8	6,0	7,2	6,5	6,6	5,6	3,1

Quelle: Statistisches Bundesamt; Rechenstand: Mai 2024. **1** Erbringung von freiberulichen, wissenschaftlichen, technischen und sonstigen wirtschaftlichen Dienstleistungen. **2** Bruttowertschöpfung zuzüglich Gütersteuern (saldiert mit Gütersubventionen). **3** Einschl. Private Organisationen ohne Erwerbszweck. **4** Geistiges Eigentum (u.a. EDV-Software, Urheberrechte) sowie Nutztiere und -pflanzen. **5** Einschl. Nettozugang an Wertsachen. **6** Wachstumsbeitrag zum BIP.

Quelle: Deutsche Bundesbank: Monatsbericht Juli 2024, 76. Jahrgang Nr. 7, Frankfurt am Main, 18.07.2024, Statistischer Teil S. 66 https://publikationen.bundesbank.de/publikationen-de/berichte-studien/monatsberichte/monatsbericht-juli-2024-928298, (25.08.2024)

F

Konjunkturentwicklung

Verwendung des Bruttoinlandsprodukts

(Quartalswerte saisonbereinigt, Jahreswerte nicht saisonbereinigt)

	Bruttoinlandsprodukt (BIP)											
	Insgesamt	Inländische Verwendung								Außenbeitrag		
		Zusammen	Private Konsumausgaben	Konsumausgaben des Staates	Bruttoanlageinvestitionen				Vorratsveränderungen	Zusammen	Exporte	Importe
					Zusammen	Bauinvestitionen	Ausrüstungsinvestitionen	Geistiges Eigentum				
	1	2	3	4	5	6	7	8	9	10	11	12
In jeweiligen Preisen (in Mrd. €)												
2021	12 475,0	11 980,9	6 354,5	2 737,3	2 727,0	1 388,6	761,4	570,4	162,2	494,1	6 172,3	5 678,2
2022	13 507,8	13 266,5	7 069,5	2 901,0	3 017,6	1 560,7	847,5	602,3	278,4	241,3	7 440,1	7 198,8
2023	14 378,5	13 847,7	7 536,7	3 042,4	3 177,2	1 626,8	904,7	638,2	91,5	530,8	7 419,9	6 889,1
2023 Q2	3 580,1	3 442,6	1 874,2	755,1	788,9	405,8	226,1	155,1	24,4	137,5	1 866,7	1 729,2
Q3	3 610,0	3 468,8	1 899,3	768,5	794,8	407,7	228,8	156,4	6,2	141,2	1 835,0	1 693,9
Q4	3 648,8	3 514,5	1 911,0	777,5	807,5	408,1	225,0	172,5	18,5	134,3	1 847,4	1 713,1
2024 Q1	3 681,3	3 499,2	1 924,6	783,4	796,0	412,6	223,7	157,8	- 4,8	182,2	1 875,1	1 692,9
In % des BIP												
2023	100,0	96,3	52,4	21,2	22,1	11,3	6,3	4,4	0,6	3,7	-	-
Verkettete Volumen (Vorjahrespreise)												
Veränderung gegen Vorquartal in %												
2023 Q2	0,1	0,6	0,1	0,3	0,2	-0,4	0,4	1,1	-	-	- 1,0	- 0,2
Q3	0,0	- 0,1	0,4	0,7	0,1	- 0,3	0,6	0,4	-	-	- 1,3	- 1,6
Q4	- 0,1	0,1	0,2	0,6	0,8	- 0,6	- 2,7	9,7	-	-	0,2	0,6
2024 Q1	0,3	- 0,6	0,2	0,0	-1,5	0,7	0,3	- 9,7	-	-	1,4	- 0,3
Veränderung gegen Vorjahr in %												
2021	5,9	4,7	4,4	4,2	3,5	5,8	8,1	- 6,5	-	-	11,5	9,2
2022	3,4	3,6	4,2	1,6	2,5	1,4	4,5	2,6	-	-	7,2	7,9
2023	0,5	0,2	0,5	0,9	1,2	- 0,8	3,2	3,6	-	-	- 0,8	- 1,4
2023 Q2	0,6	0,6	0,6	0,7	1,7	- 0,6	5,3	2,5	-	-	0,0	- 0,1
Q3	0,2	- 0,4	- 0,3	1,5	0,7	- 0,1	2,7	- 0,3	-	-	- 2,7	- 4,0
Q4	0,2	0,3	0,7	1,4	1,6	- 0,4	0,4	8,4	-	-	- 2,5	- 2,4
2024 Q1	0,4	0,0	0,8	1,6	- 0,5	- 0,6	- 1,4	1,3	-	-	- 0,8	- 1,5
Beitrag zur prozentualen Veränderung des BIP gegen Vorquartal in Prozentpunkten												
2023 Q2	0,1	0,5	0,1	0,1	0,0	0,0	0,0	0,0	0,4	- 0,4	-	-
Q3	0,0	- 0,1	0,2	0,2	0,0	0,0	0,0	0,0	- 0,4	0,1	-	-
Q4	- 0,1	0,1	0,1	0,1	0,2	- 0,1	- 0,2	0,4	- 0,3	- 0,2	-	-
2024 Q1	0,3	- 0,5	0,1	0,0	- 0,3	0,1	0,0	- 0,4	- 0,3	0,9	-	-
Beitrag zur prozentualen Veränderung des BIP gegen Vorjahr in Prozentpunkten												
2021	5,9	4,8	2,4	1,0	0,8	0,7	0,5	- 0,3	0,6	1,4	-	-
2022	3,4	3,5	2,2	0,4	0,6	0,2	0,3	0,1	0,4	0,0	-	-
2023	0,5	0,2	0,3	0,2	0,3	- 0,1	0,2	0,2	- 0,6	0,3	-	-
2023 Q2	0,6	0,6	0,3	0,1	0,4	- 0,1	0,3	0,1	- 0,2	0,1	-	-
Q3	0,2	- 0,5	- 0,1	0,3	0,1	0,0	0,2	1,0	- 0,8	0,7	-	-
Q4	0,2	0,3	0,4	0,3	0,4	0,0	0,0	0,4	- 0,8	- 0,1	-	-
2024 Q1	0,4	0,0	0,4	0,3	- 0,1	- 0,1	- 0,1	0,1	- 0,6	0,3	-	-

Quelle: Europäische Zentralbank: Wirtschaftsbericht, Ausgabe 5/2024, Frankfurt am Main, Statistik S. 3, https://www.bundesbank.de/resource/blob/900008/1004383626794b3e8e3e054e9b6cffdb/mL/2024-05-ezb-wb-data.pdf (25.8.24)

2 Geld- und Wirtschaftspolitik

P

2.1 Programmierte Aufgaben

1 Aus einer Bilanz der Deutschen Bundesbank ergeben sich folgende Positionen:

- Banknotenumlauf 377 036 Mio. € ☐
- Scheidemünzen 810 Mio. € ☐
- Finanzanlagen 10 258 Mio. € ☐

a) Kennzeichnen Sie diese Positionen nach bilanzieller Systematik; tragen Sie ein eine
1, wenn die Position auf der Aktivseite der Bilanz,
2, wenn die Position auf der Passivseite der Bilanz,
3, wenn die Position weder auf der Aktiv- noch auf der Passivseite der Bilanz steht.

b) Die Kreditinstitute verfügen durch Abhebung zulasten ihrer Girokonten bei der DBB über Münzen im Wert von 100 Mio. € und Noten im Wert von 500 Mio. €. Ermitteln Sie die neuen Bestände in der Bilanz der DBB
ba) für die Position Banknotenumlauf, Mio. € ☐☐☐☐☐☐
bb) für die Position Scheidemünzen. Mio. € ☐☐☐

2 Kennzeichnen Sie die Änderung der Geldmenge M3, die sich bei folgenden Transaktionen ergibt. Tragen Sie ein eine

1 für Erhöhung,
2 für Senkung,
3 für den Fall, dass keine Änderung der Geldmenge vorliegt.

Transaktionen

a) Sichteinlagen werden in Spareinlagen mit dreimonatiger Kündigung umgewandelt. ☐
b) Sparguthaben mit einjähriger Kündigungsfrist werden zum Erwerb von Sparbriefen (fünfjährige Laufzeit) benutzt. ☐
c) Die Deutsche Bundesbank kauft Staatsanleihen von Unternehmen an; der Gegenwert wird auf Girokonten überwiesen. ☐
d) Sparbriefe (fünfjährige Laufzeit) sind fällig; der Gegenwert wird auf Girokonten übertragen. ☐
e) Spareinlagen mit dreimonatiger Kündigung werden in Spareinlagen mit einjähriger Kündigungsfrist umgewandelt. ☐
f) Spareinlagen mit dreimonatiger Kündigung werden in Festgelder mit dreimonatiger Laufzeit umgewandelt. ☐
g) Die Deutsche Bundesbank verkauft Bundesschatzbriefe an private Haushalte; der Gegenwert wird von Girokonten überwiesen. ☐

3 Ein Angestellter verfügte im April eines Jahres über ein Nettogehalt von 4 250,00 €. Im April des nächsten Jahres hatte sich das Nettogehalt auf 4 330,00 € erhöht. Der Preisindex für die Lebenshaltung der privaten Haushalte stieg im gleichen Zeitraum um 2,2 auf 109,9 Indexpunkte.

a) Welche der folgenden Aussagen ist zutreffend? ☐

Aussagen

Das reale Nettoeinkommen des Angestellten

1 ist um weniger als ein Prozent gesunken;
2 ist um weniger als ein Prozent gestiegen;
3 ist um mehr als ein Prozent gesunken;
4 ist um mehr als ein Prozent gestiegen.

b) Welches Einkommen hätte der Arbeitnehmer im Basisjahr des Verbraucherpreisindexes haben müssen, um dieselbe Kaufkraft wie im April des nächsten Jahres aufzuweisen? (Ergebnis auf glatte Euro runden.) € ☐☐☐☐

4 Der Preisindex für die Lebenshaltung aller privaten Haushalte eines Landes stieg von Mai 2023 auf Mai 2024 um 1,9 Indexpunkte (Stand im Mai 2024: 118,4). (Nicht glatte Ergebnisse sind auf eine Stelle nach dem Komma zu runden.)

P

Ermitteln Sie

a) die Inflationsrate im o. g. Zeitraum, % ☐,☐

b) die Kaufkraft des Geldes im Mai 2024 gegenüber dem entsprechenden Monat des Vorjahres, % ☐☐,☐

c) den Kaufkraftverlust des Geldes im Mai 2024 gegenüber dem Basisjahr des Preisindexes. % ☐☐,☐

5 Zwischen der Europäischen Zentralbank (EZB) und der Nationalbank Dänemarks galten im Jahr 2024 folgender Euro-Leitkurs und obligatorische Interventionskurse:

Land/Währung		1 EUR = ...
	oberer Kurs	7,62824
Dänemark/DKK	Leitkurs	7,46038
	unterer Kurs	7,29252

a) Ermitteln Sie die gesamte Bandbreite, die diesem Interventionssystem zugrunde liegt. (Ergebnis auf eine Stelle nach dem Komma gerundet.) % ☐,☐

b) Welche der folgenden Maßnahmen der EZB ist sinnvoll, wenn sich der Kurs in DKK für einen Euro aufgrund der Marktlage dem oberen Interventionskurs nähert? ☐

Maßnahmen

1 Käufe von DKK gegen EUR
2 Verkäufe von DKK gegen EUR
3 Erhöhung der Zinsen für Spitzenrefinanzierungsgeschäfte

c) Welcher der folgenden Vorgänge könnte eine plausible Ursache für die in b) beschriebene Kursentwicklung sein? (Andere Einflussfaktoren bleiben jeweils unberücksichtigt.) ☐

Vorgänge

1 Verstärkte Importe Dänemarks aus dem Eurowährungsraum
2 Verstärkte Exporte Dänemarks in den Eurowährungsraum
3 Steigende Zinsen in Dänemark
4 Verstärkte Wertpapieranlagen in Dänemark aus dem Eurowährungsraum

6 Insgesamt 19 europäische Länder haben inzwischen den Euro als Währung eingeführt.

a) In welchen beiden der nachstehenden Länder ist der Euro noch **nicht eingeführt** worden?

Länder

1 Lettland	**3** Slowenien	**5** Tschechien
2 Schweden	**4** Slowakei	**6** Zypern

☐☐

b) Bei welchem der nachstehenden volkswirtschaftlichen Merkmale handelt es sich nicht um eine Voraussetzung für die Aufnahme eines Landes in den Währungsverbund? ☐

Volkswirtschaftliche Merkmale:

1 Preisstabilität
2 Staatsverschuldung
3 Haushaltsdisziplin
4 Sozialsystem
5 Wechselkursstabilität

P **7** Gehen Sie von nachstehender (hier ausschnittweise abgedruckter) Tabelle zum Außenwert des Euro gegenüber anderen Währungen aus.

a) Gegenüber welcher der von 1 bis 7 durchnummerierten Währungen verzeichnete der Euro im angegebenen Zeitraum prozentual

aa) den höchsten Wertgewinn, ☐

ab) den höchsten Wertverlust? ☐

b) Welche der folgenden Aussagen zur Wertentwicklung des Yen gegenüber dem US-Dollar im angegebenen Zeitraum ist zutreffend? ☐

Aussagen

1 Der Yen hat gegenüber dem US-Dollar an Wert gewonnen.
2 Der Yen hat gegenüber dem US-Dollar an Wert verloren.
3 Eine Aussage zur Wertentwicklung des Yen zum US-Dollar ist nicht möglich.

Euro-Wechselkurse

	US-Dollar 1	Japanischer Yen 2	Schweizer Franken 3	Pfund Sterling 4	Schwedische Krone 5	Dänische Krone 6	Norwegische Krone 7
Jan.	1,061	131,3	1,005	0,703	8,08	7,44	9,65
Febr.	1,021	130,8	1,098	0,689	8,91	7,44	9,65
März	1,088	130,2	1,095	0,671	8,94	7,43	9,51
April	1,070	128,2	1,002	0,665	9,91	7,43	9,32
Mai	1,063	129,7	1,003	0,658	9,97	7,43	9,23
Juni	1,038	125,3	1,595	0,650	9,83	7,43	9,17
Juli	1,035	123,7	1,004	0,658	9,74	7,44	9,18
Aug.	1,060	120,1	1,000	0,660	9,75	7,44	9,26
Sept.	1,050	132,4	1,002	0,647	9,63	7,43	9,23
Okt.	1,071	133,5	1,594	0,646	9,73	7,43	9,29
Nov.	1,034	138,2	1,005	0,637	9,63	7,44	9,19
Dez.	1,011	143,7	1,001	0,627	9,59	7,44	9,10
Jan.	1,014	146,5	1,010	0,668	9,60	7,44	9,12
Febr.	1,083	147,6	1,007	0,675	9,51	7,45	9,10
März	1,064	142,6	1,004	0,671	9,39	7,45	9,11
April	1,047	143,0	1,074	0,681	9,27	7,45	9,15

8 Die nachstehende Darstellung ist einem Monatsbericht der Deutschen Bundesbank entnommen.

a) Welche der folgenden Aussagen zur Auswirkung der Direktinvestitionen in der deutschen Zahlungsbilanz ist zutreffend? ☐

Aussagen

Die dargestellte Entwicklung der Direktinvestitionen schlug sich

1 in allen drei genannten Jahren als Zunahme in der Kapitalbilanz nieder;
2 in allen drei genannten Jahren als Abnahme in der Kapitalbilanz nieder;
3 nur im dritten Jahr als Zunahme in der Kapitalbilanz nieder;
4 nur im dritten Jahr als Abnahme in der Kapitalbilanz nieder.

b) Welche der folgenden Aussagen zur Höhe der Direktinvestitionen in Großbritannien ist zutreffend? ☐

Aussagen

Die Direktinvestitionen in Großbritannien betrugen im 3. Jahr

1 ca. 92 Mrd. €, **3** ca. 50 Mrd. €,
2 ca. 42 Mrd. €, **4** ca. 20 Mrd. €.

P

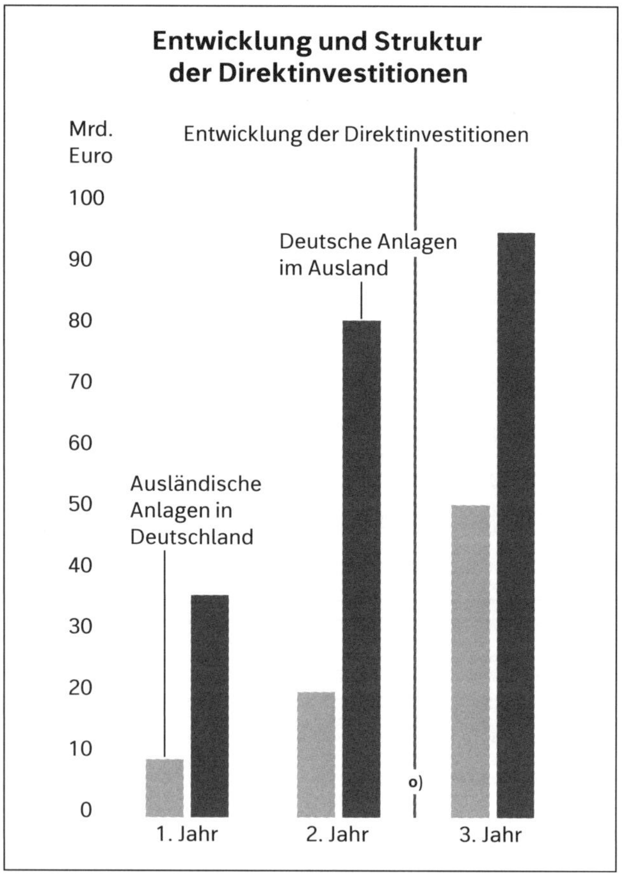

Zielländer deutscher Direktinvestitionen im 3. Jahr

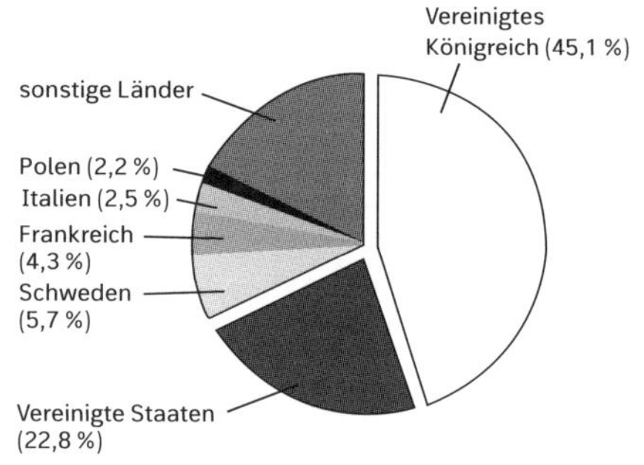

Quelle: beide Grafiken eigene Darstellung, Zahlen gemäß Deutscher Bundesbank

9 a) Ermitteln Sie mithilfe der nachstehenden Zahlungsbilanzposten

aa) den Saldo der Leistungsbilanz, Mrd. € ☐,☐

ab) den Saldo der statistisch nicht zurechenbaren Transaktionen (Restposten). Mrd. € ☐,☐

b) Welche der folgenden Aussagen zum angegebenen Saldo der Kapitalbilanz ist zutreffend? ☐

Aussagen

1 Im Februar 20.. wurden Kapitalanlagen in Höhe von 8,9 Mrd. € außerhalb des Eurowährungsgebietes getätigt.

2 Im Februar 20.. flossen Kapitalanlagen in Höhe von 8,9 Mrd. € in das Eurowährungsgebiet.

3 Die Anlagen außerhalb des Eurowährungsgebietes überstiegen im Februar 20.. die ausländischen Anlagen im Eurowährungsgebiet um 8,9 Mrd. €.

4 Die Anlagen außerhalb des Eurowährungsgebietes waren im Februar 20.. um 8,9 Mrd. € geringer als die ausländischen Anlagen im Eurowährungsgebiet.

5 Die Anlagen außerhalb des Eurowährungsgebietes waren um 8,9 Mrd. € höher als die Einnahmen aus der Leistungsbilanz und den Vermögensübertragungen.

Zahlungsbilanzposten (Werte in Mrd. €)	Febr. 20..
Ausfuhr	71,8
Einfuhr	65,6
Saldo der Dienstleistungen	−2,0
Saldo der Primäreinkommen	−0,8
Saldo der Sekundäreinkommen	−1,0
Saldo der Vermögensübertragungen	+0,2
Saldo der Kapitalbilanz	+8,9

10 Entscheiden Sie, ob die Verhaltensweisen der nachfolgend aufgeführten Wirtschaftssubjekte in den jeweiligen konjunkturellen Phasen konjunkturneutral (1), zyklisch (2) oder antizyklisch (3) wirken.

Verhaltensweisen	Konjunkturphase	
a) Die privaten Haushalte schränken ihre Konsumausgaben ein.	Rezession	☐
b) Das Ausland tritt auf den inländischen Gütermärkten verstärkt als Nachfrager auf.	Boom	☐
c) Die Bundesregierung beschließt drastische Sparmaßnahmen, damit durch die konjunkturbedingten Steuerminderungseinnahmen kein Haushaltsdefizit entsteht.	Rezession	☐
d) Die Bundesregierung beschließt ein Förderprogramm zugunsten der Werftindustrie.	Rezession	☐
e) Die Investitionsgüternachfrage der Unternehmen ist rückläufig.	Rezession	☐
f) Die öffentlichen Haushalte verwenden die steigenden Steuereinnahmen zur Rücklagenbildung auf Konten bei der Deutschen Bundesbank.	Aufschwung	☐

11 Im Stabilitätsgesetz (StabG) sind die fiskalpolitischen Ziele und Instrumente des Bundes und der Länder zur Globalsteuerung der Volkswirtschaft festgelegt.

Entscheiden Sie bei den nachfolgenden fiskalpolitischen Maßnahmen, ob diese der

1 Einnahmepolitik zur Konjunkturbelebung,
2 Einnahmepolitik zur Konjunkturdämpfung,
3 Ausgabenpolitik zur Konjunkturbelebung,
4 Ausgabenpolitik zur Konjunkturdämpfung

zuzuordnen sind.

a) Herabsetzung der Einkommensteuer um 10 % für die Dauer eines Jahres ☐
b) Gewährung eines Investitionsbonus ☐
c) Aussetzung der degressiven Abschreibung ☐
d) Verwendung der konjunkturbedingten Steuermehreinnahmen zur Bildung einer Konjunkturausgleichsrücklage ☐

12 Ordnen Sie den nachfolgenden wirtschaftspolitischen Entscheidungen den zutreffenden Bereich der Wirtschaftspolitik zu.

Bereiche der Wirtschaftspolitik

1 Ordnungspolitik
2 Fiskalpolitik
3 Geldpolitik
4 Strukturpolitik

a) Anhebung des Zinsniveaus, um Devisenabflüsse in das Ausland zu verhindern ☐
b) Novellierung des Wettbewerbsrechts zum Zweck der verschärften Missbrauchsaufsicht über marktbeherrschende Unternehmen ☐
c) Genehmigung eines Strukturkrisenkartells für die deutsche Stahlindustrie ☐
d) Erhöhung der Umsatzsteuer zur Finanzierung eines Beschäftigungsprogramms ☐
e) Verkauf von Offenmarktpapieren an die Kreditinstitute ☐

13 Welche beiden der folgenden Maßnahmen fallen nicht in den Kompetenzbereich der Deutschen Bundesbank? ☐☐ **P**

Maßnahmen

1 Durchführung von Geschäften mit den öffentlichen Verwaltungen eines Bundeslandes
2 Festsetzung des Hauptrefinanzierungssatzes
3 Abwicklung des internationalen Zahlungsverkehrs
4 Aufwertung des Euro
5 Annahme von Giroeinlagen
6 Beratung der Bundesregierung in währungspolitischen Angelegenheiten

14 **Gehen Sie von folgenden Hauptrefinanzierungsgeschäften aus:**

(Mio. €; Zinssätze in % p. a.)

Abwicklungstag	Gebote (Betrag) 1	Anzahl der Teilnehmer 2	Zuteilung (Betrag) 3	Zinstender: Mindestbietungssatz 4	Zinstender: Marginaler Zuteilungssatz 5	Zinstender: Gewichteter Zuteilungssatz 6	Laufzeit (Tage) 7
	Hauptrefinanzierungsgeschäfte						
4. Febr.	112763	276	76.000	2,00	2,01	2,02	7
11.	147492	313	137.000	2,00	2,00	2,01	7
18.	104015	285	83000	2,00	2,00	2,01	7
23.	135659	268	135659	2,00	2,00	2,00	7
3. März	100586	253	85000	2,00	2,00	2,01	7
10.	147204	267	127500	2,00	2,00	2,01	7
17.	224149	330	216500	2,00	2,00	2,01	7
24.	224531	333	224531	2,00	2,00	2,00	7
31.	257167	335	218000	2,00	2,00	2,01	7
7. April	255399	317	218500	2,00	2,00	2,01	7
14.	265103	341	205500	2,00	2,00	2,01	7
21.	267511	371	211000	2,00	2,00	2,01	7
28.	270499	366	220000	2,00	2,00	2,01	7
5. Mai	267916	349	211000	2,00	2,00	2,01	7
12.	273449	344	207000	2,00	2,00	2,01	7
19.	275403	371	223500	2,00	2,00	2,01	7
26.	280155	371	232500	2,00	2,00	2,01	7
2. Juni	269747	337	236000	2,00	2,00	2,01	7

a) Ermitteln Sie die Zuteilungsquote für das Geschäft vom 2. Juni. (Ergebnis auf eine Stelle nach dem Komma runden.) % ☐☐,☐

b) Wie hoch war der Zinsaufwand eines Kreditinstitutes, das bei dem Geschäft vom 2. Juni 3,5 Mio. € zu 2,01 % und 2,5 Mio. € zu 2,02 % geboten hatte? € ☐☐☐☐☐,☐☐

c) Welche der folgenden Aussagen zur geldpolitischen Maßnahme der EZB am 2. Juni ist zutreffend? ☐

Aussagen

Am 2. Juni fand aufgrund der oben dargestellten Geschäfte

1 per Saldo eine Liquiditätszuführung für die Kreditinstitute statt;
2 per Saldo ein Liquiditätsentzug für die Kreditinstitute statt;
3 keine Veränderung der Liquiditätsposition der Kreditinstitute statt.

d) Bei Hauptrefinanzierungsgeschäften liegen aktuell andere Bedingungen vor. Welche der folgenden Aussagen ist in diesem Zusammenhang zutreffend? ☐

Aussagen

1 Die Laufzeiten haben sich geändert.
2 Die Geschäfte werden zu Minuszinsen abgewickelt.
3 Die Zuteilungsquoten betragen 100 %.
4 Zinstender und Mengentender werden im regelmäßigen Wechsel durchgeführt.
5 Es liegen geringere marginale Zuteilungssätze vor.

P **15** Bei ihren geldpolitischen Operationen unterscheidet die Europäische Zentralbank (EZB) vor allem folgende Instrumente:

1 Hauptrefinanzierungsgeschäfte
2 Längerfristige Refinanzierungsgeschäfte
3 Spitzenrefinanzierungsfazilität
4 Einlagefazilität

a) Welches dieser Instrumente dient stets dem Ziel der Liquiditätsabschöpfung? ☐
b) Welche zwei dieser Instrumente werden lediglich auf Initiative der Kreditinstitute in Anspruch genommen? ☐☐

16 In einem Monatsbericht der Europäischen Zentralbank (EZB) werden folgende Zinssätze erwähnt:

1 Hauptrefinanzierungssatz
2 Einmonatssatz (EURIBOR)
3 Spitzenrefinanzierungssatz
4 Tagesgeldsatz (EONIA)
5 Einlagesatz

a) Welche beiden dieser Zinssätze sind von der EZB nicht direkt beeinflussbar? ☐☐
b) Welcher dieser Zinssätze kommt in Zusammenhang mit Offenmarktgeschäften der EZB zur Anwendung? ☐

17 Anfang Juni 20.. galten folgende Euro-Leitzinsen:

1	Hauptrefinanzierungssatz	3,25 %
2	Längerfristiger Refinanzierungssatz	3,46 %
3	Spitzenrefinanzierungsfazilität	3,50 %
4	Einlagefazilität	2,75 %

a) Stellen Sie fest, auf welche der o. g. Leitzinsen sich die folgenden Begriffe/Sachverhalte jeweils beziehen. Tragen Sie eine 5 ein, wenn eine Zuordnung nicht möglich ist.

Begriffe/Sachverhalte

aa) Einmonats-Euribor ☐
ab) Umlaufrendite ☐
ac) Wichtigster Leitzinssatz der EZB ☐
ad) Anlage überschüssiger Gelder bei der EZB ☐
ae) Verzinsung der Mindestreserve ☐
af) Verkauf/Verpfändung von Wertpapieren (Fälligkeit des Geschäfts: 10. September 20..) ☐
ag) Bund-Future (Fälligkeit September 20..) ☐
ah) Tenderquote (Fälligkeit des Geschäfts: Mitte Juni 20..) ☐
ai) Overnight-Refinanzierung bei der EZB ☐

b) Die Rheinbank AG legte vom 06.06. bis 08.06. einen Betrag von 11 Mio. € bei der EZB an. Wie hoch war die Rückzahlung am 08.06.? € ☐☐☐☐☐☐☐☐,☐☐

2.2 Konventionelle Aufgaben

K

1 Ein Kunde der X-Bank zahlt 10500,00 € auf sein Girokonto ein.

a) Wie hoch ist bei einem Mindestreservesatz von 10 % und einem Kassenhaltungssatz von 11 %

aa) der Betrag, den die Bank für das Aktivgeschäft verwenden kann?

ab) der theoretische Geldschöpfungsspielraum des gesamten Bankensystems?

b) Wie ändern sich die Ergebnisse zu a), wenn der Mindestreservesatz bei gleichem Kassenhaltungssatz um 4 Prozentpunkte erhöht wird?

2 Beurteilen Sie mithilfe der Verkehrsgleichung des Geldes die folgende Aussage:

Wenn die Umlaufgeschwindigkeit des Geldes um 1 % und die Geldmenge um 2,5 % steigen, so sinken die Preise bei einem 1,5-prozentigen Wachstum des Bruttoinlandsprodukts (Handelsvolumen) um etwa 2 %.

3 Die Europäische Zentralbank geht in einem bestimmten Jahr von einem realen Wachstum des Produktionspotenzials in Höhe von ca. 2 % p. a., einer jährlichen Preissteigerungsrate von ca. 1,5 % und einer Verringerung der Umlaufgeschwindigkeit des Geldes von ca. 1 % p. a. aus.

Um wie viel Prozent müsste unter diesen Annahmen die Geldmenge (M3) ungefähr steigen?

4 Die Nationalbank eines Landes ermittelt folgende Werte:

	Girale Verfügungen (Mrd. Geldeinheiten)	**Sichteinlagen (Mrd. Geldeinheiten)**
Nov. 20..	779000	125500
Dez. 20..	790685	128010

a) Welche Aussage lässt sich aus den Werten über die Entwicklung der Umlaufgeschwindigkeit des Geldes von November bis Dezember treffen?

b) Interpretieren Sie die von Ihnen unter a) ermittelten Lösungswerte.

5 In einem Warenkorb befinden sich 4 Güter, die im Verhältnis 4:7:3:6 gewichtet sind. Die Preise im Basis- und Berichtsjahr betragen:

Gut	**Basisjahr**	**Berichtsjahr**
1	2,00	2,50
2	10,50	10,30
3	14,00	18,00
4	28,00	31,00

a) Wie hoch ist der Preisindex im Berichtsjahr?

b) Wie hoch ist der Kaufkraftverlust im Berichtsjahr gegenüber dem Basisjahr?

(Ergebnisse sind auf eine Stelle nach dem Komma zu runden.)

Hinweis: $$\text{Kaufkraft} = \frac{\text{alter Preisindex}}{\text{neuer Preisindex}} \cdot 100$$

K **6** Ein Land erwirtschaftet mehrere Jahre hintereinander einen positiven Außenbeitrag. Welche Auswirkung auf das Verhältnis von Geld- zu Gütermenge (und damit auf die Preisentwicklung) ist hierdurch möglich?

7 Gehen Sie von folgenden Werten einer Volkswirtschaft aus:

	Wert des repräsentativen Warenkorbs	Preisindex für die Lebenshaltung
2022	4 200,00 Geldeinheiten	...
2023	4 307,69 Geldeinheiten	100
2024	4 436,92 Geldeinheiten	...

a) Ermitteln Sie die fehlenden Preisindizes der Jahre 2022 und 2024. (Ergebnis auf eine Stelle nach dem Komma runden.)
b) Wie hoch war der Wert des repräsentativen Warenkorbs (auf zwei Stellen gerundet) zu Beginn des Jahres 2021, wenn in diesem Jahr eine Preissteigerungsrate von 1,8 % zugrunde zu legen war?
c) Ein Arbeitnehmerhaushalt hatte 2022 ein verfügbares Einkommen von 4 200 Geldeinheiten (GE). Dieses stieg 2023 um 180,60 GE. Wie hat sich die Kaufkraft des Haushaltes von 2022 auf 2023 entwickelt? (Rechnerischer Nachweis; auf eine Stelle gerundet.)

8 Ein Angestellter erhielt zu Beginn des Jahres ein Nettogehalt in Höhe von 2 500,00 €. Am Ende des Jahres erhöht sich das Nettogehalt auf 2 687,50 €. Im selben Jahr stieg der Preisindex für die Lebenshaltung von 120 auf 129,6 Indexpunkte.

Stellen Sie fest, um wie viel Prozent sich das reale Einkommen des Angestellten verändert hat.

9 Gegeben sind folgende Transaktionen mit dem Ausland.

1	Warenexport gegen 3-Monats-Zahlungsziel	350 Mio. €
2	Überweisung von Kreditzinsen an das Ausland	120 Mio. €
3	Ausgaben ausländischer Touristen	60 Mio. €
4	Überweisung von Entgelten für durch ausländische Unternehmen erbrachte Transportleistungen	50 Mio. €
5	Zahlung von EU-Beiträgen	80 Mio. €
6	Ausländische Beschäftigte überweisen an ihre Familien im Ausland	70 Mio. €

a) Erfassen Sie die Transaktionen in der Zahlungsbilanz. Gehen Sie hierbei von folgendem Schema aus:

	Aktiva (+)	Passiva (–)
1		
2		
3		
4		
5		
6		

b) Ermitteln Sie aufgrund Ihrer Ergebnisse zu a) den Saldo der Leistungsbilanz.
c) Ermitteln Sie den Saldo der Kapitalbilanz (inkl. Vorzeichen) unter der Voraussetzung, dass andere Teilbilanzen unberücksichtigt bleiben.

10 Die Deutsche Bundesbank veröffentlichte für Januar 20.. folgende Zahlungsbilanzwerte für die Bundesrepublik Deutschland: **K**

- Saldo der Handelsbilanz (inkl. Ergänzungen zum Warenverkehr) +10,7 Mrd. €
- Saldo der Dienstleistungen –3,2 Mrd. €
- Saldo der Primäreinkommen +0,1 Mrd. €
- Saldo der Sekundäreinkommen –2,5 Mrd. €
- Saldo der Vermögensübertragungen +0,1 Mrd. €
- Saldo der Kapitalbilanz +12,5 Mrd. €

Ermitteln Sie in Mrd. € (jeweils unter Angabe des Vorzeichens)

a) den Saldo der Leistungsbilanz,
b) den Saldo der statistisch nicht aufgliederbaren Transaktionen (Restposten).

11 Die Länder A und B gehören einem internationalen Währungssystem an, bei dem die Wechselkurse innerhalb bestimmter Bandbreiten um die Parität schwanken dürfen. Es besteht für die
Notenbanken der Länder eine unbeschränkte Interventionspflicht.

Die folgenden Fälle sind jeweils unabhängig voneinander zu lösen. Nicht genannte Einflussgrößen bleiben unberücksichtigt.

Fälle

a) Aufgrund gesunkener Lohnkosten können im Land A bestimmte Wirtschaftsgüter günstiger hergestellt werden als im Land B.
   aa) Welchen Einfluss hat dies auf die Handelsbilanz des Landes A?
   ab) Welchen Einfluss hat dies auf den Kurs der Währung des Landes A im Land B?
   ac) Zu welchen Interventionen sehen sich die Nationalbanken der beiden Länder infolge der in ab) angesprochenen Kursentwicklung eventuell veranlasst?
b) Aufgrund einer restriktiven Geldpolitik der Nationalbank liegen die Zinsen im Land B deutlich höher als im Land A.
   ba) Welchen Einfluss hat dies auf die Kapitalbilanz des Landes B?
   bb) Welchen Einfluss hat dies auf den Kurs der Währung des Landes B im Land A?
   bc) Zu welchen Interventionen sehen sich die Nationalbanken der beiden Länder infolge der in bb) angesprochenen Kursentwicklung eventuell veranlasst?

12 In einer Volkswirtschaft ist die Arbeitsproduktivität um 4 % und im gleichen Zeitraum das Lohnniveau um 7 % gestiegen.

Mit welchen Auswirkungen muss gerechnet werden

a) ... auf die Preispolitik der Unternehmungen?
b) ... auf die Ertragskraft der Unternehmungen?
c) ... auf die Personalpolitik der Unternehmungen?

Begründen Sie jeweils Ihre Auffassung.

K **13** Beantworten Sie folgende Fragen, die sich auf die unten stehende Zusammenstellung von Konjunkturindikatoren und deren Veränderung im Zeitablauf beziehen (Angaben in Prozent). Begründen Sie jeweils Ihre Auffassung.

Jahr:	**2019**	**2020**	**2021**	**2022**	**2023**	**2024**
Kapazitätsauslastung	98,1	98,8	99,1	96,7	92,5	94,9
Arbeitslosenquote	2,3	1,1	1,2	2,6	4,7	4,6
Inflationsrate	3,3	3,5	4,9	5,0	4,0	3,5
reales Wachstum	3,3	3,6	4,9	1,9	0,1	5,1
Sparquote	13,5	14,6	14,0	15,0	15,3	13,6

a) In welcher Konjunkturphase befand sich die Wirtschaft

aa) im Jahr 2020,
ab) im Jahr 2023?

b) Welche Entwicklung müsste das Zinsniveau im Jahr 2020 haben, wenn ein konjunktureller Ausgleich erreicht werden sollte?

c) Welche Sparquotenentwicklung wäre im Jahr 2021 konjunkturpolitisch wünschenswert gewesen?

14 Kennzeichnen Sie jeweils die tendenzielle Ausprägung bestimmter Konjunkturindikatoren in verschiedenen Konjunkturphasen. Gehen Sie dabei nach dem folgenden Schema vor:

Indikator / **Phase**	**Auftragsbestände**	**Zinsen**	**Preise für Konsumgüter**	**Sparneigung**	**Arbeitslosenzahl**
Aufschwung	steigend	langsam steigend	steigend	sinkend	sinkend
Hochkonjunktur					
Abschwung					
Tiefstand					

15 In einer Fachzeitschrift finden Sie folgende Notiz:

> Im Rahmen der Steuerung des Geldmarktes bildeten die von der EZB wöchentlich angebotenen Hauptrefinanzierungsgeschäfte weiterhin ein wichtiges Instrument der laufenden Mittelbereitstellung.

a) Erklären Sie den Begriff „Hauptrefinanzierungsgeschäft".
b) Worin besteht die Steuerungsfunktion der Hauptrefinanzierungsgeschäfte für den Geldmarkt?

16 Einer Statistik zur Mindestreserve der deutschen Kreditinstitute entnehmen Sie u. a. folgende Angaben für einen bestimmten Monat: **K**

Reservebasis	Reserve-Soll nach Abzug des Freibetrages	Zentralbankguthaben der Kreditinstitute bei der Deutschen Bundesbank	Überschussreserve
4 483 Mrd. €	44,7 Mrd. €	47,0 Mrd. €	2,3 Mrd. €

Außerdem rufen Sie den Reservesatz sowie die Zinssätze der EZB auf:

Zinssätze	
Hauptrefinanzierungssatz („Leitzinssatz“)	4,25 % p.a.
Spitzenrefinanzierungsfazilität	4,50 % p.a.
Einlagenfazilität	3,75 % p.a.
Mindestreserve	
Reservesatz	1 %

a) Beschreiben Sie das Instrument der Mindestreserve mithilfe der Fachbegriffe aus der Mindestreservestatistik.

b) Ermitteln Sie den Betrag in Mrd. €, den die Kreditinstitute im dargestellten Monat aufgrund des Mindestreservefreibetrages weniger an Mindestreserve unterhalten mussten.

c) Nehmen Sie Stellung zur aktuellen Bedeutung der MR-Politik als geldpolitisches Instrument der EZB.

17 Bearbeiten Sie die nachstehenden Arbeitsaufträge mithilfe der folgenden Darstellung wirtschaftlicher Daten eines Landes.

Darstellung

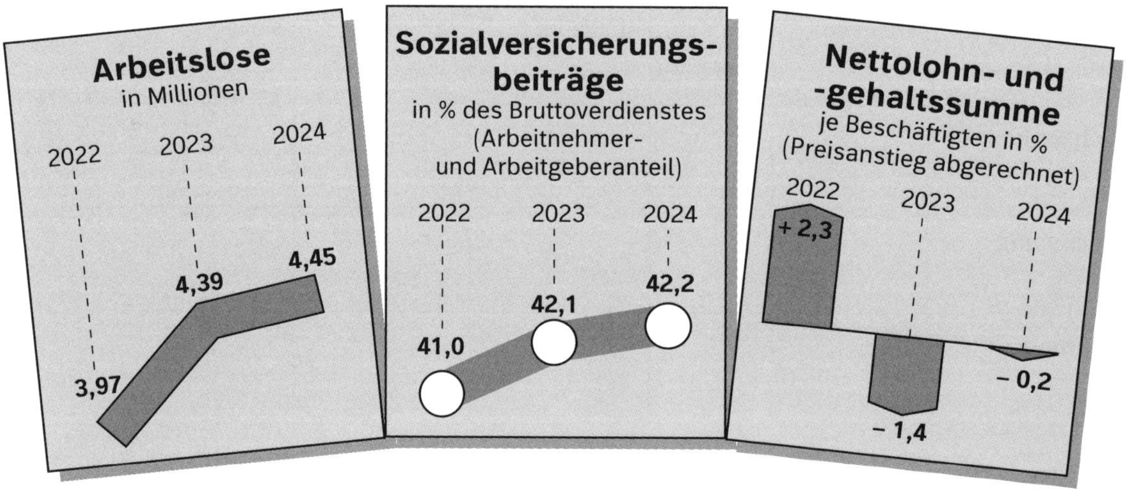

Arbeitsaufträge

a) Nehmen Sie Stellung zur Entwicklung der Arbeitslosenquote in den Jahren 2022, 2023 und 2024.

Hinweis:

Erwerbspersonen 2022:	38 425 Tausend
Erwerbspersonen 2023:	38 381 Tausend
Erwerbspersonen 2024:	38 358 Tausend

K

b) Um wie viel Euro erhöht sich 2024 der Anteil eines Arbeitnehmers zur Sozialversicherung gegenüber 2022, wenn für beide Jahre ein durchschnittliches Bruttogehalt von 1 750,00 € im Monat zugrunde zu legen ist? (Unterstellen Sie, dass die Sozialversicherungsbeiträge jeweils zur Hälfte durch Arbeitnehmer und Arbeitgeber aufgebracht werden.)

c) Um wie viel Prozent veränderte sich der Arbeitnehmer-Nettolohn im Zeitraum 2022 bis 2024?

d) Handelt es sich bei der in c) dargestellten Entwicklung um den Nominal- oder den Reallohn? (Begründen Sie Ihre Entscheidung.)

e) Erläutern Sie die Auswirkungen der in a) bis d) dargestellten Sachverhalte auf die gesamtwirtschaftliche Konsumnachfrage.

18 Die Maßnahme einer Erhöhung der indirekten Steuern wird häufig als „Konjunkturkiller" bezeichnet. Erläutern Sie diesen Sachverhalt.

2.3 Fallaufgaben

F

1 Im Zusammenhang mit einem Vortrag zum Thema „Geldpolitik im Wandel der Zeit“ sollen Sie mithilfe der nachstehenden Materialien einige Unterlagen aufbereiten.

Um diesen Auftrag zu erledigen, erstellen Sie Beiträge zu folgenden Aspekten:

Aspekt	Erläuterung
Vergleich der Hauptrefinanzierungs- und längerfristigen Refinanzierungsgeschäfte 2020/2021 und 2024	Bedeutung der Faktoren: ■ Laufzeit ■ Zinssätze
Entwicklung der Zinssätze bei den geldpolitischen Operationen ab 2020	■ Hauptrefinanzierungsgeschäfte ■ Spitzenrefinanzierungssatz ■ Einlagenfazilität
Begründung für die Entwicklung der Zinssätze und der Bedingungen bei den Refinanzierungsgeschäften	
Wertpapierankaufprogramme der EZB	■ Beschreibung des Vorgangs ■ Auswirkungen

<u>Materialien</u>

Geldpolitische Geschäfte des Eurosystems (Tenderverfahren)

Gutschriftstag		Gebote Betrag	Zuteilung Betrag	Mengentender: Festsatz	Zinstender: Mindestbietungssatz	Zinstender: marginaler Satz	Zinstender: gewichteter Durchschnittssatz	
		Mio €		% p.a.				Tage
Hauptrefinanzierungsgeschäfte								
2020	16. Dez.	344	344	0,00	–	–	–	7
	23. Dez.	262	262	0,00	–	–	–	7
	30. Dez.	468	468	0,00	–	–	–	8
2021	6. Jan.	180	180	0,00	–	–	–	7
	13. Jan.	521	521	0,00	–	–	–	7
Längerfristige Refinanzierungsgeschäfte								
2020	5. Nov.	747	747	...	–	–	–	266
	26. Nov.	293	293	...	–	–	–	91
	3. Dez.	1 881	1 881	...	–	–	–	238
	16. Dez.	50 414	50 414	...	–	–	–	1 099
	17. Dez.	478	478	...				105

Quelle: Deutsche Bundesbank: Monatsbericht Januar 2021, 73. Jahrgang Nr. 1, Frankfurt am Main, 15.01.2021, Statistischer Teil S. 43

Geldpolitische Geschäfte des Eurosystems (Tenderverfahren)

Gutschriftstag		Gebote Betrag	Zuteilung Betrag	Mengentender: Festsatz	Zinstender: Mindestbietungssatz	Zinstender: marginaler Satz	Zinstender: gewichteter Durchschnittssatz	Laufzeit
		Mio €		% p.a.				Tage
Hauptrefinanzierungsgeschäfte								
2024	19. Jun.	4 258	4 258	4,25	–	–	–	7
	26. Jun.	11 078	11 078	4,25	–	–	–	7
	3. Jul.	6 704	6 704	4,25	–	–	–	7
	10. Jul.	5 334	5 334	4,25	–	–	–	7
	17. Jul.	4 687	4 687	4,25	–	–	–	7
Längerfristige Refinanzierungsgeschäfte								
2024	27. Mar.	4 663	4 663	4,46	–	–	–	90
	2. Mai.	355	355	...	–	–	–	90
	29. Mai.	1 170	1 170	...	–	–	–	91
	26. Jun.	5 877	5 877	...	–	–	–	91

Quelle: Deutsche Bundesbank: Monatsbericht Juli 2024, 76. Jahrgang Nr. 7, Frankfurt am Main, 18.07.2024, Statistischer Teil S. 43, https://publikationen.bundesbank.de/publikationen-de/berichte-studien/monatsberichte/monatsbericht-juli-2024-928298 (25.08.24)

F

EZB-Zinssätze / Basiszinssätze

% p.a.

EZB-Zinssätze										Basiszinssätze			
		Hauptrefinanzierungsgeschäfte					Hauptrefinanzierungsgeschäfte						
Gültig ab	Einlagefazilität	Festsatz	Mindestbietungssatz	Spitzenrefinanzierungsfazilität	Gültig ab	Einlagefazilität	Festsatz	Mindestbietungssatz	Spitzenrefinanzierungsfazilität	Gültig ab	Basiszinssatz gemäß BGB[1]	Gültig ab	Basiszinssatz gemäß BGB
2012 11. Juli	0,00	0,75	-	1,50	2022 27. Juli	0,00	0,50	-	0,75	2008 1. Jan.	3,32	2014 1. Jan.	- 0,63
					14. Sept.	0,75	1,25	-	1,50	1. Juli	3,19	1. Juli	- 0,73
2013 8. Mai	0,00	0,50	-	1,00	2. Nov.	1,50	2,00	-	2,25				
13. Nov.	0,00	0,25	-	0,75	21. Dez.	2,00	2,50	-	2,75	2009 1. Jan.	1,62	2015 1. Jan.	- 0,83
										1. Juli	0,12		
2014 11. Juni	- 0,10	0,15	-	0,40	2023 8. Feb.	2,50	3,00	-	3,25			2016 1. Juli	- 0,88
10. Sept.	- 0,20	0,05	-	0,30	22. Marz	3,00	3,50	-	3,75	2011 1. Juli	0,37		
					10. Mai	3,25	3,75	-	4,00			2023 1. Jan.	1,62
2015 9. Dez.	- 0,30	0,05	-	0,30	21. Juni	3,50	4,00	-	4,25	2012 1. Jan.	0,12	1. Juli	3,12
					2. Aug.	3,75	4,25	-	4,50				
2016 16. Marz	- 0,40	0,00	-	0,25	20. Sept.	4,00	4,50	-	4,75	2013 1. Jan.	- 0,13	2024 1. Jan.	3,62
										1. Juli	- 0,38	Juli	3,37
2019 18. Sept.	- 0,50	0,00	-	0,25	2024 12. Juni	3,75	4,25	-	4,50				

1 Gemäß § 247 BGB.

Quelle: Deutsche Bundesbank: Monatsbericht Juli 2024, 76. Jahrgang Nr. 7, Frankfurt am Main, 18.07.2024, Statistischer Teil S. 43, https://publikationen.bundesbank.de/publikationen-de/berichte-studien/monatsberichte/monatsbericht-juli-2024-928298, (25.08.24)

2 Ein Wirtschaftsforschungsinstitut legt zum Ende eines Jahres seine Prognose hinsichtlich wichtiger wirtschaftlicher Daten eines Landes im Eurowährungsraum für das kommende Jahr vor:

Prognose Deutschland, Veränderung gegenüber Vorjahr in Prozent	
Entstehung des realen Bruttoinlandsprodukts	
Erwerbstätige	0
Arbeitsvolumen	0,75
Produktivität	1
Bruttoinlandsprodukt	1,75
Verwendung in Preisen von 2010	
Private Konsumausgaben	1,5
Konsumausgaben des Staates	0
Anlageinvestitionen	1,5
– Ausrüstungen	3,5
– sonstige Anlagen	4,25
– Bauten	– 0,5
Export	4,5
Import	4
Bruttoinlandsprodukt	1,75
nachr.: Inlandsnachfrage	1,25

Verwendung in jeweiligen Preisen	
Private Konsumausgaben	2,5
Konsumausgaben des Staates	0
Anlageinvestitionen	2,25
– Ausrüstungen	5
– sonstige Anlagen	5,75
– Bauten	– 0,25
Export	5,75
Import	4,5
Bruttoinlandsprodukt	2,5
nachr.: Inlandsnachfrage	2
Preisentwicklung	
Private Konsumausgaben	1
Bruttoinlandsprodukt	1
Einkommensverteilung	
Volkseinkommen	2,25
– Arbeitnehmerentgelt	1,5
– Unternehmens- und Vermögenseinkommen	4

a) Erläutern Sie den Unterschied zwischen den Größen
- Volkseinkommen und
- Bruttoinlandsprodukt.

b) Grenzen Sie die Begriffe Arbeitsvolumen und (Arbeits-)Produktivität ab.

c) Nehmen Sie begründet Stellung zur Prognose der konjunkturellen Situation für das kommende Jahr.

d) Gehen Sie von einem Volkseinkommen in Höhe von 1 673 Mrd. € bei einer Lohnquote von 65,0 % Ende des laufenden Jahres aus. Welcher Zuwachs (in Mrd. €) würde sich nach der Prognose beim Arbeitnehmerentgelt für das kommende Jahr ergeben? (Endergebnis auf eine Stelle nach dem Komma runden.)

3 Im Zuge einer volkswirtschaftlichen Analyse werten Sie den folgenden Beitrag aus einer Fachzeitschrift aus: **F**

> Das kürzlich von der Bundesregierung beschlossene Konjunkturpaket beinhaltet folgende Eckpunkte:
>
> - befristete Senkung der Mehrwertsteuer
> - Einführung einer degressiven Abschreibung (d.h. Möglichkeit des Ansatzes höherer Abschreibungsbeträge in den ersten Jahren des Abschreibungsverlaufs) für bewegliche Güter des Anlagevermögens
> - Vorziehen von Investitionen des Bundes
> - Entbürokratisierung durch Beschleunigung des Planungsrechts bei Investitionen
> - Erhöhung der Ausgaben für das Projekt „Digitalisierungsoffensive Bund“
>
> Zur Finanzierung des Paketes wurde ein Nachtragshaushalt mit einer Ausgabensteigerung um 40% beschlossen.

Das Konjunkturpaket enthält sowohl angebotsorientierte als auch nachfrageorientierte Ansätze der Wirtschaftspolitik.

a) Stellen Sie die Begriffe „angebotsorientierte Wirtschaftspolitik“ und „nachfrageorientierte Wirtschaftspolitik“ vergleichend gegenüber.

b) Identifizieren Sie aus den aufgeführten Eckpunkten je ein Beispiel für den angebotsorientierten und nachfrageorientierten Ansatz der Wirtschaftspolitik.

c) Die Opposition kritisiert die Höhe des Nachtragshaushalts. Beschreiben Sie ein Folgeproblem, das im Zusammenhang mit dem Nachtragshaushalt entsteht.

Bildquellenverzeichnis

Deutsche Rentenversicherung Bund, Berlin: 18.1.
Getty Images (RF), München: mikimad 1.1.
OKS Group, Delhi: 12.1, 51.1, 53.1, 53.2, 54.1, 54.2, 55.1, 55.2, 56.1, 56.2, 57.1, 58.1, 58.2, 58.3, 59.1, 59.2, 60.1, 61.1, 65.1, 70.1, 70.2, 70.3, 70.4, 72.1, 84.1, 84.2, 92.1.
Picture-Alliance GmbH, Frankfurt a.M.: dpa-infografik GmbH 37.1, 45.1, 46.1, 75.1.
stock.adobe.com, Dublin: engel.ac Titel; nsdpower 1.2.